O DUPLO GRAU DE JURISDIÇÃO E A EFETIVIDADE DO PROCESSO

G263d Gatto, Joaquim Henrique
　　　　O duplo grau de jurisdição e a efetividade do processo / Joaquim Henrique Gatto. – Porto Alegre: Livraria do Advogado Editora, 2010.
　　　　163 p.; 23 cm.
　　　　ISBN 978-85-7348-672-8

　　　　1. Grau de jurisdição. 2. Jurisdição. 3. Processo civil: Princípio da efetividade. I. Título.

　　　　　　　　　　　　　　　　　　　CDU – 347.98

　　　　Índices para catálogo sistemático:
　　　　Processo civil: Princípio da efetividade　　347.9
　　　　Grau de jurisdição　　　　　　　　　　　　347.98
　　　　Jurisdição　　　　　　　　　　　　　　　　347.98

(Bibliotecária responsável: Marta Roberto, CRB-10/652)

Joaquim Henrique Gatto

O DUPLO GRAU DE JURISDIÇÃO
E A EFETIVIDADE DO PROCESSO

Porto Alegre, 2010

© Joaquim Henrique Gatto, 2010

Capa, projeto gráfico e diagramação
Livraria do Advogado Editora

Revisão
Rosane Marques Borba

Direitos desta edição reservados por
Livraria do Advogado Editora Ltda.
Rua Riachuelo, 1338
90010-273 Porto Alegre RS
Fone/fax: 0800-51-7522
editora@livrariadoadvogado.com.br
www.doadvogado.com.br

Impresso no Brasil / Printed in Brazil

Dedico a Letícia, Isadora e Jacira.

Devo agradecer à Elvira e ao Luiz, pais a quem tudo devo.

A Raquel, João Paulo, Beatriz, Fábio e Sofia.

Ao professor José Maria Rosa Tesheiner, mestre, homem superior.

Aos professores do curso de Mestrado em Direito da PUCRS, notadamente.

A Araken de Assis, professor de escol, e Sérgio Gilberto Porto, notável jurista.

A Rui, Teca e Dario.

Aos amigos sinceros que fiz no Mestrado.

Prefácio

O duplo grau de jurisdição envolve a "possibilidade de um novo julgamento, por órgão diverso do prolator – formado por juízes de mesma ou superior hierarquia – das sentenças de 1º grau, mediante recurso voluntário ou em caráter cogente no reexame necessário, prevalecendo a segunda decisão sobre a primeira".

Com essa definição, Joaquim Gatto afasta, desde logo, várias dúvidas que o tema pode suscitar. Assim, as causas da competência originária dos tribunais não se apresentam como exceção ao princípio. Estão simplesmente fora de seu âmbito de abrangência. A irrecorribilidade das interlocutórias não ofende o princípio, porque restrito às sentenças. Pouco importa que o reexame seja feito por juízes da mesma ou superior hierarquia. Tampouco importa que o órgão revisor se chame tribunal ou turma. A realidade sobrepõe-se à denominação. Não se trata de matéria relativa exclusivamente aos recursos. Insere-se no tema o reexame necessário. A prevalência da segunda decisão sobre a primeira ressalta a superioridade hierárquica do órgão revisor, ainda que composto por juízes da mesma hierarquia do prolator da sentença.

O Autor passa em revista uma vasta gama de argumentos favoráveis e contrários ao duplo grau de jurisdição, que retarda e encarece a solução do conflito e apaga os benefícios da oralidade, imediação e concentração dos atos. Pode o tribunal confirmar sentença injusta, e, se justa, a própria interposição do recurso ofende a Justiça. Pode o tribunal substituir sentença justa por um acórdão injusto. Serve o recurso para a concentração de poder numa aristocracia judiciária e não há demonstração de que o segundo grau ofereça maior coeficiente de certeza e de justiça. Conclui, porém, pela manutenção do duplo grau, ainda que admissíveis restrições ao direito de recorrer.

Com muito conhecimento e técnica, o Autor examina o efeito devolutivo da apelação, nos itens referentes à sua dimensão horizontal: o efeito devolutivo parcial e total, no processo cumulado, na sentença terminativa, nas questões de ordem pública; o efeito devolutivo em sua dimensão vertical: na cumulação de causas de pedir e fundamentos de defesa, questões da mesma classe, questões anteriores à sentença e efeito devolutivo em caso de revelia.

Embora a Constituição não refira expressamente o princípio do duplo grau de jurisdição, o Autor nela busca fundamento, a partir das ideias de interpretação sistemática, princípios e regras. Recua no tempo, desde a Constituição Imperial de 1824, a única a contemplar o princípio de modo expresso, até a Constituição atual, concluindo, com Bandeira de Melo, pela ilegitimidade da postura legislativa que eliminasse os recursos ordinários do sistema processual, ainda que passíveis de mitigação. Não fariam sentido as promessas constitucionais, se negado o *status* de garantia constitucional a princípios que, por sua natureza, exsurgem do texto constitucional imantados nessas promessas. Insere o duplo grau de jurisdição no princípio mais amplo do devido processo legal, remontando à Magna Charta de João Sem Terra, do ano de 1215. Fiel à proposta de uma interpretação sistemática da Constituição, passa ao exame de outras normas constitucionais, que revelam a existência do princípio, em especial os artigos da Constituição pertinentes à Organização Judiciária, contraditório e ampla defesa, direito de ação, Turmas Recursais e, ainda, as normas recepcionadas do Pacto de São José da Costa Rica.

No terceiro e último capítulo, o Autor passa em revista toda uma série de questões pertinentes ao tema, sempre com exame da doutrina pertinente, que é apresentada e discutida.

Trata-se de obra séria e valiosa, para a qual contribuí um pouco, na condição de orientador, do que me vanglorio.

Porto Alegre, agosto de 2009.

José Maria Tesheiner
Prof. de Processo Civil da PUCRS
Desembargador aposentado do TJRS

Sumário

Introdução 13
1. Duplo grau de jurisdição 17
   1.1. Origem do duplo grau de jurisdição 17
   1.2. Conceito de duplo grau de jurisdição 19
   1.3. Problema terminológico 23
   1.4. Regra geral do duplo grau de jurisdição: juiz de primeiro grau (sentença) e tribunal de apelação 24
   1.5. Duplo grau de jurisdição e diversidade hierárquica ... 28
   1.6. Prós e contras ao duplo grau de jurisdição 30
      1.6.1. Razões favoráveis ao duplo grau de jurisdição ... 31
         1.6.1.1. Maior experiência do órgão *ad quem* 32
         1.6.1.2. Desacerto do juízo julgador e a limitação do erro 33
         1.6.1.3. Conveniência psicológica na resignação do vencido 34
         1.6.1.4. Ampliação do exame da demanda 35
         1.6.1.5. Controle político sobre o órgão julgador 35
         1.6.1.6. Uniformização da jurisprudência 38
         1.6.1.7. Conclusão acerca dos argumentos favoráveis 39
         1.6.1.8. Contraponto aos argumentos favoráveis 40
      1.6.2. Razões desfavoráveis ao duplo grau de jurisdição 43
         1.6.2.1. Ofensa ao princípio da oralidade 43
         1.6.2.2. Ofensa ao direito à razoável duração do processo 44
         1.6.2.3. Necessidade de valorização do juízo de primeiro grau 45
         1.6.2.4. Alto percentual de manutenção das decisões 48
         1.6.2.5. Conclusão acerca dos argumentos desfavoráveis 49
         1.6.2.6. Contraponto aos argumentos desfavoráveis 49
   1.7. Abrangência do duplo grau de jurisdição no reexame da matéria 50
   1.8. Efeito devolutivo da apelação 52
      1.8.1. Extensão do efeito devolutivo (dimensão horizontal) 54
         1.8.1.1. Efeito devolutivo parcial e total da apelação 55
         1.8.1.2. Efeito devolutivo no processo cumulado 56
         1.8.1.3. Efeito devolutivo contra sentença terminativa 57
         1.8.1.4. Efeito devolutivo nas questões de ordem pública 59

  1.8.2. Profundidade do efeito devolutivo (dimensão vertical) 59
    1.8.2.1. Efeito devolutivo na cumulação de causas de pedir e
      fundamentos de defesa 60
    1.8.2.2. Efeito devolutivo da apelação quanto às questões da
      mesma classe 61
    1.8.2.3. Efeito devolutivo da apelação quanto às questões
      anteriores à sentença 61
    1.8.2.4. Efeito devolutivo da apelação em caso de revelia 61
2. Duplo grau de jurisdição no âmbito constitucional brasileiro 63
  2.1. Interpretação Constitucional 63
  2.2. Princípios Jurídicos 65
  2.3. Princípios e Regras 69
  2.4. Duplo grau de jurisdição e o seu histórico constitucional no Brasil 72
  2.5. Construção do duplo grau de jurisdição na Constituição de 1988 76
    2.5.1. Devido processo legal e o duplo grau de jurisdição – art. 5°, LIV .. 79
    2.5.2. Manifestações da existência do duplo grau de jurisdição na
      Constituição Federal 85
      2.5.2.1. Organização judiciária – art. 92 86
      2.5.2.2. Contraditório e ampla defesa – art. 5°, LV 92
      2.5.2.3. Direito de Ação – art. 5°, XXXV 93
      2.5.2.4. Turmas Recursais – art. 98, I 95
      2.5.2.5. Pacto de São José da Costa Rica – OEA/1969 95
      2.5.2.6. Outros fundamentos constitucionais – arts. 5°, § 2°, e 33, § 3°. 97
  2.6. Conclusão 99
3. Delineamentos do duplo grau de jurisdição e a efetividade do processo .. 103
  3.1. Introdução 103
  3.2. O duplo grau de jurisdição e a restrição a recursos 104
  3.3. Razoável duração do processo: segurança jurídica e efetividade 111
  3.4. Duplo grau de jurisdição obrigatório – Reexame necessário 115
  3.5. Julgamento do mérito em apelação de sentença terminativa –
    art. 515, § 3°, do CPC 122
  3.6. Súmula impeditiva de recurso de apelação – art. 518, § 1°, do CPC 130
  3.7. Decisões monocráticas em juízos colegiados 133
    3.7.1. Poderes do relator – art. 557 do CPC 136
  3.8. Embargos infringentes de sentença – art. 34, § 2°, da Lei 6.830/80 139
  3.9. Duplo grau de jurisdição nos Juizados Especiais Cíveis 142
  3.10. Supressão do duplo grau de jurisdição em casos determinados 144
Conclusão 147
Referências 155

Introdução

Sempre que uma ação judicial é proposta, seja qual for a prestação jurisdicional pleiteada, entram em confronto a vontade das partes, pretendendo o reconhecimento de seu pedido, e a vontade da sociedade, desejosa da pacificação das relações. Às partes não interessa, na grande maioria das vezes, a restauração da paz, e sim, o seu interesse particular. Assim, o equilíbrio entre as vontades está em que o desfecho do processo seja rápido e justo.

Exatamente neste ponto é que reside um dos maiores embates doutrinários e pretorianos, a saber, a busca pela efetividade, aqui compreendida pela celeridade, desde que não seja a qualquer preço – pois o processo não é um fim em si mesmo – e pela justiça, desde que não provida ausente de qualidade.

Um projeto de justiça de Estado que almeje a ordem jurídica necessita de um instrumento que a realize, que garanta a manutenção da autoridade do seu ordenamento, cumprindo o direito objetivo e favorecendo a paz social. Isso é possível por intermédio de um processo judicial disciplinado, équo, independente e imparcial, que alcance a efetividade dos direitos estabelecidos.

Diante disso, vê-se que a responsabilidade pela qualidade do processo está compartilhada entre o trabalho jurisdicional e o trabalho das partes. Na perspectiva destas, o controle dos atos decisórios é exercido pelo manejamento dos recursos postos à sua disposição.

Diversas razões têm, amiúde, sido sustentadas para que os sistemas jurisdicionais mantenham normas que impliquem a permissão do reexame dos julgados. Tanto é assim que, na grande maioria dos países, esses argumentos são levados em conta, e de uma forma ou de outra, mantêm-se Tribunais, devidamente organizados segundo uma estrutura recursal.

Por outro lado, há um movimento muito intenso que trabalha no sentido de diminuir, de modo profundo, a ampla possibilidade recursal disposta aos litigantes para impugnarem as decisões judiciais.

Movimento legiferante dos últimos anos vem imprimindo no Brasil uma série de reformas no sistema recursal, abalando, em certa medida, a própria noção de sistema processual, em parte por consequência das modificações pontuais realizadas.

Dadas tais circunstâncias, o presente trabalho se propõe a buscar uma melhor compreensão da sistemática do duplo grau de jurisdição, considerando alguns aspectos específicos, que, de certo modo, traçam um conjunto de tendências na esfera recursal do processo civil.

A pesquisa gera uma infinidade de questionamentos, cujas respostas variam, principalmente, de acordo com a eleição dos direitos julgados importantes e merecedores de proteção, além da própria visão de sistema jurisdicional.

Procurando estabelecer uma sequência coerente para o trabalho, destacar-se-á no primeiro capítulo o perfil do instituto do duplo grau de jurisdição a partir do seu surgimento, buscando-se, por conseguinte, estabelecer um conceito que se harmonize com as conclusões quanto às posteriores problemáticas suscitadas no curso da pesquisa. Consecutivamente, no bojo deste mesmo capítulo, abordar-se-á o conjunto das justificativas favoráveis e contrárias ao instituto do duplo grau de jurisdição, utilizadas, respectivamente, para fulcrar a manutenção de cada posicionamento. Por fim, far-se-á uma abordagem acerca do efeito devolutivo da apelação, considerada esta a perfectibilizadora do duplo grau de jurisdição.

Ato contínuo, no segundo capítulo, a proposta é verificar o duplo grau de jurisdição como diretriz advinda da Constituição Federal. Para tanto, ressaltar-se-á a importância da interpretação constitucional como mecanismo para compreensão dos verdadeiros fins constitucionais. Far-se-á um histórico constitucional brasileiro do duplo grau de jurisdição, permitindo discutir-se qual a condição assumida por tal instituto frente aos escopos maiores da Carta Magna, isto é, a que patamar esta o alçou dentro do sistema jurídico brasileiro e quais os fundamentos utilizados para atribuir-lhe *status* constitucional.

Ultimando o trabalho, o terceiro capítulo reserva-se a estabelecer, primeiramente, a possibilidade que o instituto do duplo grau de jurisdição abre para eventuais limitações ao direito de recorrer das sentenças judiciais. Na sequência, mostrar-se-á a necessidade de um verdadeiro equilíbrio entre a segurança jurídica e a efetividade para lograr-se um sistema que proporcione efetividade e segurança jurídica.

Por intermédio de abordagens a algumas situações concretas previamente escolhidas e resultantes do movimento reformista, tentar-se-á confrontar as mudanças legislativas ocorridas, com o conceito de duplo grau de jurisdição dado pela doutrina e pelo próprio trabalho, verificando a compatibilização entre ambos. Isso permitirá verificar novas tendências no sistema recursal, amoldando este, com um sistema de duplo grau de jurisdição mais temperado, menos rígido, tendente a limitar o acesso aos tribunais de segunda instância.

1. Duplo grau de jurisdição

1.1. ORIGEM DO DUPLO GRAU DE JURISDIÇÃO

Pode iniciar-se a historiar o duplo grau de jurisdição pelo direito mosaico,[1] que, de acordo com Djanira de Sá, previa a impugnação da sentença criminal, entretanto, nada além desse âmbito. A legislação ateniense de Sólon, por sua vez, estabeleceu algumas regras de sistema recursal. O direito romano experimentou o sistema de justiça privada até 342 a.C. e, desse ano, até 568 d.C., com a morte de Justiniano, o sistema de justiça pública (*cognitio extra ordinem*). Este último marca o surgimento da apelação para impugnar as sentenças definitivas.[2] Segundo Cheim Jorge, era a apelação (*appellatio*), no contexto romano de processo civil, o meio apto a atacar e reformar sentenças formalmente válidas.[3]

Essa previsão recursal estabeleceu-se muito mais pela vontade de concentração do poder pelo Imperador do que pela intenção em conceder garantias de justiça à população. Com o desenvolvimento, esse sistema, entretanto, deu lugar ao julgamento feito pelos juízes pertencentes à Administração, garantindo-se a justiça pública[4] com a possibilidade de recursos para outras instâncias. Houve, porém,

---

[1] Relativo ou pertencente ao profeta e legislador bíblico Moisés, personagem do Velho Testamento, ou próprio dele: Aurélio, *Novo Dicionário Eletrônico*. Versão 5.0, que corresponde à 3ª ed, 1ª. Impr. Positivo, revista e atualizada do Aurélio Século XXI, 2004.

[2] Sá, Djanira Maria Radamés de. *Duplo Grau de Jurisdição*: Conteúdo e Alcance Constitucional. Porto Alegre: Saraiva, 1999, p. 80.

[3] Jorge, Flávio Cheim. *Apelação Cível*. São Paulo: Revista dos Tribunais, 1999, p. 23.

[4] Wambier, Almeida e Talamini atribuem o nascimento do princípio da "preocupação com o abuso do poder pelos magistrados" e é entendido como "garantia fundamental de boa justiça". *Curso Avançado de Processo Civil*. v. 1: Teoria geral do processo e processo de conhecimento. 8. ed. rev., atual. e ampl. São Paulo: Revista dos Tribunais, 2006, p. 524.

um período de supressão do duplo grau por conta das invasões bárbaras, em que a justiça era vista como ato de vingança.[5]

Pontes de Miranda atrela a origem do duplo grau de jurisdição à especialização da função de julgar. Assinala que quando o próprio povo ou o rei eram quem realizavam a justiça, não havia duplicidade de instâncias, sendo que a tendência à admissão do reexame das decisões, "devido à possibilidade de erro ou má-fé", efetivou-se quando a função judiciária ficou especializada.[6] Com finalidade mantenedora de ideologia, era conveniente à ordem política a revisão das decisões de órgãos inferiores, uma vez que a jurisdição estava dividida entre povo e poder.

Imortalizou-se, contudo, o duplo grau, pela Revolução Francesa, que atribuía grandes méritos à estrutura jurídica.[7]

O direito Romano e o Canônico influenciaram na formação do primitivo direito português que no século XV adotou as Ordenações do Reino, a que se submeteu o Brasil, notadamente por meio das Filipinas. A partir disso, o Brasil começou a organizar o seu próprio sistema processual.[8]

Djanira de Sá faz um extenso[9] relato histórico acerca da origem do duplo grau, arrolando os acontecimentos que colaboraram para a formatação dos recursos.

Em nosso país, a Constituição de 1824 contemplava de modo absolutamente expresso a garantia do duplo grau de jurisdição em seu artigo 158,[10] prevendo a possibilidade de recursos ao Tribunal da Relação. Tal garantia foi, entretanto, removida das Consti-

---

[5] Marcato, Ana Cândida Menezes. *O Princípio do Duplo Grau de Jurisdição e a Reforma do Código de Processo Civil*. São Paulo: Atlas, 2006, p. 20.

[6] Pontes de Miranda, Francisco Cavalcanti. *Comentários ao Código de Processo Civil*. Rio de Janeiro: Forense, 1974, tomo VII, p. 19.

[7] Portanova, Rui. *Princípios do Processo Civil*. 5. ed. Porto Alegre: Livraria do Advogado. 2003, p. 264. Ver Dantas, Francisco Wildo Lacerda. *Jurisdição, Ação (Defesa) e Processo*. São Paulo: Dialética, 1997, p. 45.

[8] Marcato, Ana Cândida Menezes. *O Princípio do Duplo Grau de Jurisdição e a Reforma do Código de Processo Civil*. São Paulo: Atlas, 2006, p. 21.

[9] Ver obra da autora. *Duplo Grau de Jurisdição*: Conteúdo e Alcance Constitucional. Porto Alegre: Saraiva. 1999, p. 78-86.

[10] "Art. 158. Para julgar as Causas em segunda, e última instância haverá nas Províncias do Império as Relações, que forem necessárias para a commodidade dos povos".

tuições[11] posteriores que se cingiram a estabelecer a existência de Tribunais, atribuindo-lhes competência recursal.[12] O Código de Processo Civil de 1939, ao prever a possibilidade de utilização do recurso de apelação, permitia a concretização do duplo grau de jurisdição.

Este breve relato histórico mostra que, ao longo da evolução humana, sempre esteve presente a tendência de irresignação das pessoas com o que lhes é desfavorável, empenhando-se para buscar a correção daquilo que pareça equivocado. Isso é tão inerente à natureza humana que se revelou inclusive nas relações do particular com o Estado, nada obstante tratar-se de relação poder-sujeição.[13]

1.2. CONCEITO DE DUPLO GRAU DE JURISDIÇÃO

A conceituação varia entre os doutrinadores, de acordo com os dados que cada qual considera como elementos integrantes para o reexame das decisões.

Não há, para Barbosa Moreira, uma enunciação universalmente válida de duplo grau, pois "cabe ao intérprete extrair dos textos do *ius positum* os dados necessários à sua caracterização, num determinado ordenamento".[14]

---

[11] Para Egas Moniz de Aragão, "desde a Carta Imperial de 1824, sempre fez parte de nossas constituições (que não são poucas) o capítulo destinado a regular o Poder Judiciário, no qual é mencionada expressamente a existência de tribunais de segunda instância, com a finalidade de julgar recursos dos atos dos juízes de primeiro grau, bem como a existência de tribunais superiores, que revêem os julgamentos das cortes inferiores". Demasiados Recursos? Meios de impugnação ao julgado civil: estudos em homenagem a José Carlos Barbosa Moreira. Coordenador Adroaldo Furtado Fabrício; Paulo César Pinheiro Carneiro...[et al.]. Rio de Janeiro: Forense, 2007, p. 178.

[12] Nery Júnior, Nelson. *Princípios do Processo Civil na Constituição Federal*. 8. ed. rev., atual. e ampl. com as novas súmulas do STF e com análise sobre a relativização da coisa julgada. São Paulo: Revista dos Tribunais, 2004. (Coleção estudos de direito de processo Enrico Túlio Libman; v. 21), p. 211.

[13] Bandeira de Melo, Ricardo Procópio. Princípio do Duplo Grau de Jurisdição: Garantia Constitucional, extensão e algumas notas sobre o § 3º do art. 515 do CPC. In *Aspectos polêmicos e atuais dos recursos cíveis e de outros meios de impugnação às decisões judiciais*. coordenação Nelson Nery Jr. e Teresa Arruda Alvim Wambier. São Paulo: Revista dos Tribunais, 2005. (Série aspectos polêmicos e atuais dos recursos; v. 8), p. 668-669.

[14] Barbosa Moreira, José Carlos. *Comentários ao Código de Processo Civil*. v. 5. 12. ed. Rio de Janeiro: Forense, 2005, p. 239. Marcelo Abelha Rodrigues lembra que somente a União tem

Segundo Gerson Branco,[15]

(...) o duplo grau de jurisdição é princípio jurídico segundo o qual todas as decisões terminativas de um processo podem ser submetidas a um novo julgamento, por um órgão especializado, geralmente colegiado, a ser provocado por recurso voluntário ou de ofício. É princípio inerente ao sistema, que, implicitamente, prevê a possibilidade do recurso de apelação contra todas as decisões que põe (sic) termo ao processo, seja com ou sem julgamento de mérito, embora não seja previsto expressamente em disposição legal.

Por essa razão, "não se pode considerar como duplo grau de jurisdição a possibilidade estrita de interposição de recursos na via especial ou extraordinária...".[16]

Araken de Assis, categoricamente, afirma que "o duplo grau assegura dois exames. Nada mais, nem sequer dois exames no mesmo sentido. [...] É o que basta".[17]

Ao conceituar o duplo grau como a "possibilidade de reapreciação do mérito da causa, por meio do reexame da decisão final de instância original, abrangendo tanto as questões de fato como as de direito, por órgão jurisdicional diverso, sendo este de hierarquia superior ou não", Marcato[18] escolhe determinados elementos, sendo que um dos essenciais para tal é identificar, especificamente, o que será devolvido ao órgão *ad quem*.

Quanto à hierarquia do órgão revisor, Flávio Cheim Jorge, Fredier Didier Jr. e Marcelo Abelha Rodrigues[19] pensam como Marcato, pois para eles "o que não se pode exigir, e isso em nada compromete a importância constitucional dos recursos, é que o segundo exame seja feito por órgão hierarquicamente superior àquele que proferiu a decisão recorrida. No sistema brasileiro a ideia de recurso não se

---

competência para legislar sobre a criação ou suprimento de recursos, pois isso só pode ser feito por lei federal, uma vez que relacionado com o princípio do duplo grau de jurisdição. Elementos de Direito Processual Civil, v. 2. São Paulo: Revista dos Tribunais, 2000, p. 19.

[15] Branco, Gerson Luiz Carlos. *O duplo grau de jurisdição e sua perspectiva constitucional*. Processo e Constituição. C. A. Alvaro de Oliveira (organizador)... [et al.]. Rio de Janeiro: Forense, 2004, p. 185.

[16] Idem, ibidem.

[17] Assis, Araken de. *Manual dos Recursos*. São Paulo: Revista dos Tribunais, 2007, p. 69.

[18] Marcato, Ana Cândida Menezes. *O Princípio do Duplo Grau de Jurisdição e a Reforma do Código de Processo Civil*. São Paulo: Atlas, 2006, p. 24.

[19] Jorge, Flávio Cheim; Didier Jr, Fredie; Rodrigues, Marcelo Abelha. *A nova reforma processual*. 2. ed. São Paulo: Saraiva, 2003, p. 149.

liga à devolução necessária a um grau superior, exigindo-se, apenas, o reexame da matéria, mesmo que no mesmo plano funcional da organização judiciária".

Necessária a conceituação dada por Laspro, para quem o duplo grau de jurisdição é "aquele sistema jurídico em que, para cada demanda, existe a possibilidade de duas decisões válidas e completas no mesmo processo, emanadas por juízes diferentes, prevalecendo sempre a segunda em relação à primeira".[20]

Em sentido semelhante, Djanira de Sá[21] afirma tratar-se "da possibilidade de reexame, de reapreciação da sentença definitiva proferida em determinada causa, por outro órgão de jurisdição que não prolator da decisão, normalmente de hierarquia superior, vindo dessa circunstância a utilização do termo *grau*, na denominação do princípio, a indicar os níveis hierárquicos de organização judiciária". A característica do princípio do duplo grau de jurisdição é, "a previsão da possibilidade de utilização ilimitada (no sentido do conteúdo) do recurso de apelação contra as sentenças extintivas do processo",[22] sempre que a sucumbência derive de decisão terminativa ou definitiva.[23]

De modo diverso, Gervásio Lopes da Silva Jr.[24] afirma que "o duplo grau não garante que, desejando o sucumbente, todas as questões sejam efetivamente apreciadas e resolvidas por duas instâncias jurisdicionais. Esta é a única conclusão que se impõe do exame dos arts. 515, § 1º,[25] e 517[26] do Código de Processo Civil, que

---

[20] Laspro, Oreste Nestor de Souza. Garantia do Duplo Grau de Jurisdição. In *Garantias constitucionais do processo civil*. coordenador José Rogério Cruz e Tucci. 1. ed. 2. tir. São Paulo: Revista dos Tribunais, 1999, p. 194.

[21] Sá, Djanira Maria Radamés de. *Duplo Grau de Jurisdição*: Conteúdo e Alcance Constitucional. Porto Alegre: Saraiva. 1999, p. 88.

[22] Idem, p. 92.

[23] Marques, José Frederico. *Instituições de Direito Processual Civil*. v. IV. Campinas: Millennium, 1999, p. 23.

[24] Silva Jr., Gervásio Lopes da. *Julgamento Direto do Mérito na Instância Recursal (art. 515, § 3º, CPC)*. Salvador: JusPODIVM, 2007, p. 73.

[25] "Art. 515. A apelação devolverá ao tribunal o conhecimento da matéria impugnada. § 1º Serão, porém, objeto de apreciação e julgamento pelo tribunal todas as questões suscitadas e discutidas no processo, ainda que a sentença não as tenha julgado por inteiro".

[26] "Art. 517. As questões de fato, não propostas no juízo inferior, poderão ser suscitadas na apelação, se a parte provar que deixou de fazê-lo por motivo de força maior".

permitem ao tribunal a resolução de questões omitidas no *decisum* guerreado".

Neste passo, prossegue dizendo que tais dispositivos não se configuram em exceções ao duplo grau de jurisdição, mas são responsáveis, em conjunto com outros dispositivos infraconstitucionais, pela demarcação do seu alcance e pelo estabelecimento de sua própria definição. Apesar disso, não aceita[27] a falta de previsão ou a vedação do recurso da sentença de primeiro grau (densificador do duplo grau de jurisdição), pois assim se daria o "imperdoável extermínio de um princípio constitucional" uma vez que os recursos aos tribunais superiores possuem devolutividade bastante restrita.

Duplo grau ou *doble instancia*, como chamam os hispânicos, consiste, para Méndez,[28] no "examen de un mismo asunto por dos grados jurisdiccionales distintos. El conocimiento del segundo grado se atribuye por lo general al órgano jurisdiccional jerárquicamente superior".

Nada obstante as diferenças existentes, quanto às regras processuais, entre o direito brasileiro e o de países alienígenas, como é o caso do direito peninsular, onde vigora o sistema *novum iudicium*,[29] para os fins de conceituação do duplo grau, isso parece menos importante. Alfonso Nigido,[30] em meados do século XX, entendia que o primeiro grau de jurisdição se exauria somente com a pronúncia definitiva do mérito do primeiro juiz e que a apelação não seria outra coisa senão a *renovação* do exame da causa no mesmo processo. Isso, portanto, pressupunha logicamente que o exame tivesse já acontecido. Se *renova*, é porque já foi feito.

A apelabilidade permitida em todas as sentenças é, para Salvatore Satta, o que efetiva o princípio do duplo grau de jurisdição. Para o autor italiano, tal princípio "tutela o dúplice exame da controvérsia

---

[27] Silva Jr., Gervásio Lopes da. *Julgamento Direto do Mérito na Instância Recursal (art. 515, § 3º, CPC)*. Salvador: JusPODIVM, 2007, p. 74.

[28] Méndez, Francisco Ramos. *Derecho Procesal Civil*. 5. ed. Tomo II. Barcelona: Jose Maria Bosch, 1992, p. 727.

[29] Primeiro e segundo graus restam equiparados, com possibilidades de as partes renovarem, no segundo, tudo o que foi arguido no primeiro grau.

[30] Nigido, Alfonso. I poteri del giudice di apello in relazione alla sentenza di prima intanza. Volume quindicesimo. Padua: Cedam, 1938, p. 74-75. "Il primo grado di giurisdizione viene esaurito solo con la pronuncia definitiva di merito del primo giudice. [...] ... l'appello non è altro che la *rinnovazione* dell'esame della causa nello stesso processo. Esso quindi logicamente pressupone che l'esame abbia già avuto luogo. Si rinnova ciò che già è stato fatto".

por intermédio de juízes diversos", o que não leva à interpretação de que seja entendido como exame "dúplice de mérito".[31] Isto significa dizer que a lei se satisfaz com uma decisão do juiz, seja ela qual for.[32]

Em interpretação extraída da obra de Salvatore Satta, considerando nosso sistema jurídico, pode-se afirmar que o objetivo do duplo grau, do ponto de vista das relações entre o primeiro e o segundo graus, é o da revisão do juízo original, reexaminando-se as questões tratadas, afastando-se novas exceções e provas.[33]

Cultuar a ideia de duplo grau de jurisdição é defender que sempre cabe a revisão da sentença proferida por juiz de primeiro grau, ou seja, de que ela não é suficiente.[34]

Na busca de um conceito de duplo grau de jurisdição, diz-se que se trata da possibilidade de um novo julgamento, por órgão diverso do prolator – formado por juízes de mesma ou superior hierarquia – das sentenças de 1º grau, mediante recurso voluntário ou em caráter cogente no reexame necessário, prevalecendo a segunda decisão sobre a primeira.

1.3. PROBLEMA TERMINOLÓGICO

Cuidados devem ser tomados quando se pretende definir a nomenclatura adequada para o princípio.

Araken de Assis adverte que inexistem graus à jurisdição,[35] uma vez que esta é una, por isso a separação funda-se na hierarquia, e não na qualidade do corpo julgador. Neste sentido, é inexata a expressão duplo grau, pois sugere a existência de duas jurisdi-

---

[31] Satta, Salvatore. *Direito Processual Civil*. 2º v. Trad. e Notas de Luiz Autuori. 7. ed. Pádua: Editor Borsoi. Rio – GB. 1973, p. 435.

[32] Salvatore Satta refere que isso pode se dar no exemplo em que o "juiz de primeiro grau se dê por incompetente para decidir o mérito em face de subsistir um caso de nulidade, de improcedibilidade etc.; o juiz de apelo, pensando de maneira diversa, poderá e deverá decidir a causa no mérito, sem que por isso se incorra em transgressão do princípio de duplo grau". *Direito Processual Civil*. 2º v. Trad. e Notas de Luiz Autuori. 7. ed. Pádua: Editor Borsoi. Rio – GB. 1973, p. 436.

[33] Idem, ibidem.

[34] Marinoni, Luiz Guilherme. Arenhart, Sérgio Cruz. *Manual do Processo de Conhecimento*. 4. ed. rev. atual. e ampl. São Paulo: Revista dos Tribunais, 2005, p. 495.

[35] Assis, Araken de. *Manual dos Recursos*. São Paulo: Revista dos Tribunais, 2007, p. 69. No mesmo sentido Tavares, André Ramos. Análise do duplo grau de jurisdição como princípio constitucional. *Revista de direito constitucional e internacional*. Ano 8. v. 30, jan-mar/2000, p. 178.

ções. Entretanto, apesar da inexatidão, a tradição aconselha sua manutenção.[36]

Para Marinoni e Arenhart, melhor seria identificado o duplo grau de jurisdição se fosse definido como um *"duplo juízo sobre o mérito"*.[37] Essa terminologia fica prejudicada se aceitarmos um duplo juízo sobre as sentenças que não resolvem o mérito.

O princípio do duplo grau de jurisdição também tem sido chamado de "princípio da recorribilidade"[38] por Marcos Destefenni e de "direito ao recurso"[39] por José de Albuquerque Rocha.

Adotar-se-á a nomenclatura *duplo grau de jurisdição*, salvo quando oriunda de citação doutrinária.

1.4. REGRA GERAL DO DUPLO GRAU DE JURISDIÇÃO: JUIZ DE PRIMEIRO GRAU (SENTENÇA) E TRIBUNAL DE APELAÇÃO

Reconhece-se em nosso sistema jurídico a existência de hierarquia entre os órgãos do Poder Judiciário. Onde há hierarquia há subordinação dos órgãos inferiores (juízos de primeiro grau) aos tribunais de segunda instância e destes aos superiores (Supremo Tribunal Federal e Superior Tribunal de Justiça). O controle hierárquico se dá, notadamente, pela devolução ao órgão superior do ato proferido pelo órgão inferior. No processo, o controle de tais atos é exercido pelos recursos e pelas ações autônomas de impugnação.[40]

---

[36] Assis, Araken de. *Manual dos Recursos*. São Paulo: Revista dos Tribunais, 2007, p. 69. Sérgio Pinto Martins, em que pese falar acerca da justiça do trabalho, diz que "a denominação empregada não deveria ser duplo grau de jurisdição, porque não existem apenas dois graus de jurisdição, mas pluralidade de graus de jurisdição, pois o primeiro grau é a Vara, o segundo o TRT, o terceiro grau o STF, e um quarto grau, ou grau especial, o STF. Logo, não há apenas duplo grau de jurisdição, mas pluralidade de graus de jurisdição." Martins, Sérgio Pinto. *Direito Processual do Trabalho*: doutrina e prática forense; modelos de petições, recursos, sentenças e outros. 22. ed. São Paulo: Atlas, 2004, p. 390.

[37] Marinoni, Luiz Guilherme. Arenhart, Sérgio Cruz. *Manual do Processo de Conhecimento*. 4. ed. rev. atual. e ampl. São Paulo: Revista dos Tribunais, 2005, p. 495.

[38] Destefenni, Marcos. *Curso de Processo Civil*. v. 1. Processo de Conhecimento e Cumprimento de Sentença. São Paulo: Saraiva, 2006, p. 29.

[39] Rocha, José de Albuquerque. *Teoria Geral do Processo*. 8. ed. São Paulo: Atlas, 2005, p. 266.

[40] Tesheiner, José Maria Rosa. *Elementos para uma teoria geral do processo*. São Paulo: Saraiva, 1993, p. 27-8. No segundo grau de jurisdição, segundo Tesheiner, existe uma atividade de controle hierárquico. "Trata-se não mais de julgar a demanda, mas de submeter a julgamen-

Merece registro a advertência de que o duplo grau de jurisdição está umbilicalmente relacionado com a sentença e a apelação, prevista no art. 496[41] do CPC. A apelação é o recurso por excelência, e, nas palavras de Lopes da Silva Jr.,[42] é, como já dito, o recurso densificador do duplo grau de jurisdição. Dessa forma, tem a apelação cabimento contra sentença oriunda de qualquer processo ou procedimento, de jurisdição contenciosa ou voluntária.[43]

Assim, afirma Djanira de Sá que, somente contra sentenças, terminativas ou definitivas, nos feitos que competem ao juízo singular, aplica-se o duplo grau de jurisdição. Porém, refere que nas causas em que os órgãos colegiados tiverem competência originária, seus acórdãos se submetem às mesmas regras. A autora, quanto ao último caso, exemplifica com o recurso ordinário aviado ao Superior Tribunal de Justiça e ao Supremo Tribunal Federal, nas causas julgadas em única instância pelos Tribunais,[44] pois teria os mesmos contornos da apelação.[45]

Esse comparativo entre a apelação e o recurso ordinário constitucional necessita de reparos não feitos pela autora, uma vez que o art. 102, II, *a*, e 105, II, *a* e *b* da Constituição Federal restringem o recurso ordinário aos casos elencados somente "quando denegatória a decisão", vislumbrando-se assim que tal recurso não pode ser posto em situação de igualdade com a apelação. Em caso de concessão do pedido, o sucumbente pode aviar recurso ao STJ e

---

to a decisão ou sentença reexaminada. Deparamo-nos, então, com aquilo que poderíamos denominar 'pedido de reexame superior', que compreende, por um lado, os recursos interpostos para uma jurisdição superior e, por outro lado, as denominadas 'vias autônomas de impugnação', isto é, ações que não visam ao julgamento originário de uma demanda, mas à desconstituição total ou parcial de uma sentença", p. 59.

[41] "Art. 496. São cabíveis os seguintes recursos: I – apelação; II – agravo; III – embargos infringentes; IV – embargos de declaração; V – recurso ordinário; VI – recurso especial; VII – recurso extraordinário; VIII – embargos de divergência em recurso especial e em recurso extraordinário".

[42] Silva Jr., Gervásio Lopes da. *Julgamento Direto do Mérito na Instância Recursal* (art. 515, § 3º, CPC). Salvador: JusPODIVM, 2007, p. 74.

[43] Wambier, Luiz Rodrigues; Almeida, Flávio Renato Correia de; Talamini, Eduardo. *Curso Avançado de Processo Civil*. v. 1: Teoria geral do processo e processo de conhecimento. 8. ed. rev., atual. e ampl. São Paulo: Revista dos Tribunais, 2006, p. 538.

[44] Aqui estão incluídos os Tribunais Regionais Federais, os Tribunais dos Estados, do DF e Territórios, e os Tribunais Superiores.

[45] Sá, Djanira Maria Radamés de. *Duplo Grau de Jurisdição*: Conteúdo e Alcance Constitucional. Porto Alegre: Saraiva. 1999, p. 89.

STF submetendo-se ao preenchimento dos requisitos exigidos para cada qual.

O entendimento de Arruda Alvim é o de que, aos órgãos superiores, compete, como regra, rever as decisões proferidas em primeiro grau (singular), resultante de sua competência funcional. Há, todavia, processos instaurados diretamente nos tribunais, o que não significa, segundo ele, esteja afastado o direito ao duplo grau que ora assume outras características. Apesar da exigência de pressupostos específicos, há a possibilidade de o julgado ser revisto pelo Superior Tribunal de Justiça e pelo Supremo Tribunal Federal via recurso especial e extraordinário. Além disso, o recurso ordinário constitucional, diferentemente do especial e extraordinário, não possui a exigência da fundamentação vinculada, situação em que não se verifica qualquer ofensa ao duplo grau de jurisdição.[46]

Necessário, uma vez mais, ao escopo aqui perseguido fixar o entendimento de que não se está tratando dos recursos extraordinários, isto é, a problemática não abrange os embates dos recursos nos tribunais superiores. O duplo grau de jurisdição é estranho aos recursos especial e extraordinário e estes não levam a terceira ou quarta instâncias, pois são apenas desdobramentos da segunda instância.[47]

Os escritores italianos, Comoglio, Ferri e Taruffo[48] estabelecem que o duplo grau de jurisdição se constitui numa elaboração técnica que acompanha a análise da apelação, pois, se este é meio de gravame não subordinado à existência de vícios taxativamente estabelecidos e é um remédio geral contra a sentença injusta, deve-se concluir que ele realiza o princípio do duplo grau de jurisdição.

Em virtude de tal princípio, cada controvérsia poderá passar, salvo casos excepcionais, por dois graus de exame. Todavia, a doutrina, na visão dos autores italianos, tem dito, de modo bem claro, que essa regra não exige absolutamente que cada simples questão seja examinada e decidida duas vezes porque é a controvérsia no

---

[46] Alvim, Arruda. *Manual de Direito Processual Civil*, v. 1: parte geral. 10. ed. rev. atual. e ampl. São Paulo: Revista dos Tribunais, 2006, p. 227.

[47] Medina, José Miguel Garcia; Wambier, Teresa Arruda Alvim. *Recursos e ações autônomas de impugnação*. São Paulo: Revista dos Tribunais, 2008 (Processo civil moderno; v. 2), p. 51-52.

[48] Comoglio, Luigi Paolo, Corrado Ferri e Michele Taruffo. *Lezioni sul Processo Civile*. Seconda edizione, Il Mulino, 1998, p. 798.

todo que passará pelo duplo grau de juízo,[49] ou seja, "o material de cognição coligido em primeira instância pertence, sem mais, à segunda instância" como assinalou Chiovenda.[50]

A ideia de duplo grau de jurisdição não se aplica aos Tribunais, pois, no sistema recursal, a partir da Constituição Federal, só há falar no seu cabimento acerca das decisões de juízes de primeiro grau.

O duplo grau de jurisdição não traz em seu conceito a possibilidade de recurso de todo e qualquer provimento decisório, porquanto nem toda decisão extingue o processo,[51] e o duplo grau de jurisdição está ligado ao recurso que ataca sentenças (arts. 162, § 1º, 267 e 513 do CPC).

Há, porém, para Teixeira, excetuando a regra supra, decisões interlocutórias sobre as quais se aplica o duplo grau de jurisdição, a saber, a decisão que extingue processo em relação a litisconsorte e a que antecipa os efeitos, parcial ou totalmente, da sentença. Somando-se a esses dois casos a sentença, têm-se, na visão do autor, as três decisões em que se aplica o duplo grau de jurisdição.[52]

Através dos tempos, as grandes mudanças sociais foram inseridas e integradas no espírito constitucional, e, para o que aqui é possível destacar, efetivaram-se e continuam sendo levadas a efeito, de modo pragmático, no processo.

Nosso sistema não se mostra mais adepto da recorribilidade generalizada das decisões, pois o momento social está inundado por outras ideologias que exigem, igualmente, o respeito a outros valores como a entrega da prestação jurisdicional em tempo razoável,[53] como constitucionalizado pela EC 45/04.

---

[49] Comoglio, Luigi Paolo, Corrado Ferri e Michele Taruffo. *Lezioni sul Processo Civile*. Seconda edizione, Il Mulino, 1998, p. 798.

[50] Chiovenda, Giuseppe. *Instituições de Direito Processual Civil*. As relações processuais – A relação processual ordinária de cognição. v. III. Trad. J. Guimarães Menegale. São Paulo: 1969, p. 248-255.

[51] Há quem prefira chamar de "fase de conhecimento".

[52] Teixeira, Guilherme Puchalski. Análise fragmentada do duplo grau, enquanto regra de direito. *Revista de Processo* n. 158, abr. 2008, p. 343. O autor lembra que se assim não fosse, ter-se-ia de criar recurso para as interlocutórias no processo do trabalho.

[53] Art. 5º, LXXVIII CF – a todos, no âmbito judicial e administrativo, são assegurados a razoável duração do processo e os meios que garantam a celeridade de sua tramitação.

Muitas destas inserções passaram a expressar variados princípios que objetivam, pelo processo, a viabilização do direito material posto em causa, pois conectam as normas constitucionais com a legislação infraconstitucional. Essa instrumentalização via processo procura evitar que os preceitos constitucionais se tornem inócuos.[54]

Esse processo instrumental e efetivo, para Oliveira,[55] "é antes de tudo, aquele capaz de concretizar os princípios constitucionais; missão para cujo cumprimento se deve voltar a técnica processual (tanto no momento de sua elaboração legislativa, quanto no momento de sua interpretação/aplicação pelo juiz)."

O presente estudo, por considerar a apelação como o recurso por excelência, inclui apenas a sentença, no sistema pátrio do duplo grau, como decisão sujeita ao duplo grau de jurisdição. Claro que não se pode olvidar as previsões constitucionais, mas como regra não se incluem as decisões interlocutórias e os acórdãos como decisões passíveis de duplo grau de jurisdição.

1.5. DUPLO GRAU DE JURISDIÇÃO E DIVERSIDADE HIERÁRQUICA

Controverte-se acerca do dever que se impõe, ou não, de o reexame ser realizado por órgão hierarquicamente superior ao que proferiu a decisão, ou se o que se exige é a diversidade de órgãos.

Conforme dito por Marcato, "quando se fala em duplo grau de jurisdição não se faz referência à duplicidade da jurisdição em si mesma considerada, mas sim, ao desmembramento da competência, em dois *órgãos jurisdicionais distintos*, duas instâncias distintas, pertencentes ou não a hierarquias diversas".[56]

---

[54] Dantas, Francisco Wildo Lacerda. *Jurisdição, Ação (Defesa) e Processo*. São Paulo: Dialética, 1997, p. 211.

[55] Oliveira, Bruno de. Os princípios constitucionais, a instrumentalidade do processo e a técnica processual. *Revista de Processo*, v. 146, São Paulo: RT, 2007, p. 330.

[56] Marcato, Ana Cândida Menezes. *O Princípio do Duplo Grau de Jurisdição e a Reforma do Código de Processo Civil*. São Paulo: Atlas, 2006, p. 23. (grifos no original)

Wambier, Almeida e Talamini asseveram que a matéria deve ser decidida duas vezes "por dois órgãos diferentes do Poder Judiciário".[57]

Nosso sistema contempla os dois estilos. É bem verdade, na imensa maioria dos casos, o reexame é de competência de órgão diverso e de hierarquia superior, privilegiando assim a dualidade de instâncias, o que se vislumbra nos casos de apelações oriundas das demandas que tramitaram sob o procedimento ordinário.

Existem alguns casos em que, mesmo inobservando hierarquia superior, há a configuração do *duplo exame*, para muitos, suficiente para caracterizar o duplo grau de jurisdição. Exemplo disso é a previsão do art. 41, § 1º[58] da Lei 9.099/95 (Juizados Especiais Cíveis e Criminais) ao estabelecer o julgamento da sentença por juízes de primeiro grau, ou seja, do mesmo patamar hierárquico ao que proferiu a decisão. Outro exemplo, que configura o duplo exame, sem a diversidade hierárquica, é o que se dá na LEF (Lei 6.830/80 – Execuções Fiscais) em seu art. 34,[59] prescrevendo, em determinados casos, e para atacar sentença, o recurso de embargos infringentes ao invés de apelação. Aqui, órgão prolator e revisor são o mesmo. Tais exemplos serão abordados mais adiante e de modo particularizado.

Barbosa Moreira estabelece que do duplo grau de jurisdição, em se tratando de significação e alcance, em termos genéricos, "decorre a necessidade de permitir-se nova apreciação da causa, por órgão situado em nível superior na hierarquia judiciária, mediante a interposição de recurso ou expediente análogo [...] após a primei-

---

[57] Wambier, Luiz Rodrigues; Almeida, Flávio Renato Correia de; Talamini, Eduardo. Curso Avançado de Processo Civil. v. 1: *Teoria geral do processo e processo de conhecimento*. 8. ed. rev., atual. e ampl. São Paulo: Revista dos Tribunais, 2006, p. 524.

[58] "Art. 41. Da sentença, excetuada a homologatória de conciliação ou laudo arbitral, caberá recurso para o próprio Juizado. § 1º O recurso será julgado por uma turma composta por três Juízes togados, em exercício no primeiro grau de jurisdição, reunidos na sede do Juizado".

[59] "Art. 34. Das sentenças de primeira instância proferidas em execuções de valor igual ou inferior a 50 (cinquenta) Obrigações Reajustáveis do Tesouro Nacional – ORTN, só se admitirão embargos infringentes e de declaração. § 1º. Para os efeitos deste artigo considerar-se-á o valor da dívida monetariamente atualizado e acrescido de multa e juros de mora e de mais encargos legais, na data da distribuição. § 2º. Os embargos infringentes, instruídos, ou não, com documentos novos, serão deduzidos, no prazo de 10 (dez) dias perante o mesmo Juízo, em petição fundamentada. § 3º. Ouvido o embargado, no prazo de 10 (dez) dias, serão os autos conclusos ao Juiz, que, dentro de 20 (vinte) dias, os rejeitará ou reformará a sentença".

ra decisão".[60] Da mesma forma posicionam-se Leonardo Greco[61] e Salvatore Satta.[62]

Considerando não ser verdadeira a assertiva de que os julgadores de hierarquia superior, dada a sua experiência, teriam melhores condições de fazer justiça, e o fato de que seu trabalho fica prejudicado pela distância das partes e provas (princípio da oralidade), parece manter-se respeitado o duplo grau quando o reexame se dá por órgão diverso mesmo que composto por juízes de idêntica hierarquia ao que proferiu a decisão, privilegiando o duplo exame em detrimento da diversidade hierárquica. Tal questão será analisada posteriormente em casos específicos.

1.6. PRÓS E CONTRAS AO DUPLO GRAU DE JURISDIÇÃO

Um dos anseios mais importantes quando se estabelecem razões pró e contra o duplo grau parece ser a busca pela harmonização entre a celeridade – questão premente – e a certeza jurídica. Não há dúvidas de que, não se vislumbrando o processo como um fim em si mesmo, é preciso que ele possa ser capaz de, ao mesmo tempo, atingir seus fins de pacificação social e proporcionar uma tutela efetiva, mormente quanto a ultimá-la em tempo razoável.

É neste panorama que se estabelecem as discussões sobre a conveniência ou inconveniência do duplo grau de jurisdição no processo civil brasileiro.

Inventariar, portanto, as razões justificadoras ou contrárias ao duplo grau de jurisdição apresenta-se de fundamental importância para clarificar o instituto em epígrafe. Sem o desprezo a outros, arrolam-se os argumentos estimados como mais relevantes na construção ou desconstrução do duplo grau de jurisdição.

---

[60] Barbosa Moreira, José Carlos. *Comentários ao Código de Processo Civil*. v. 5., 12. ed. Rio de Janeiro: Forense, 2005, p. 238-239.

[61] Greco, Leonardo. *Garantias Fundamentais do Processo*: O Processo Justo. Revista Jurídica. Ano 51, nº 305, março de 2003, p. 90.

[62] No sentir de Salvatore Satta, dois graus de exame pleno (fato e direito) são suficientes para garantir a maior probabilidade de justiça. *Direito Processual Civil*. 2º v. Trad. e Notas de Luiz Autuori. 7. ed. Pádua: Editor Borsoi. Rio – GB. 1973, p. 431.

Mesmo os mais ferrenhos defensores da mitigação e até da eliminação, em alguns casos, do duplo grau de jurisdição, reconhecem que este foi acolhido por todos os povos civilizados e que seria, como dito por Mattirolo há quase um século, "temeridad y locura el suprimirlo en los actuales tiempos".[63]

Ainda que por vezes desprovidos de fundamentos plausíveis, não é raro encontrar defensores da recorribilidade absoluta dos provimentos judiciais, uma vez que estes, quando contrariam interesses, podem, à liberalidade da parte, ser revistos por outro órgão.

Por outro lado, a limitação ao duplo grau de jurisdição tem sido tratada como medida saudável para evitar a eternização das demandas e assim proporcionar uma justiça mais efetiva, no sentido lato da expressão.

1.6.1. Razões favoráveis ao duplo grau de jurisdição

Causas diversas têm sido erigidas para explicar a utilização das vias recursais.

Para Barbosa Moreira,[64] fundamentos de toda a ordem têm sido utilizados, desde a sincera convicção de que o órgão decidiu de maneira errônea, até o puro capricho ou espírito emulatório, passando pelo intuito de ganhar tempo, pela irritação com aspectos da decisão recorrida, pelo desejo de pressionar o adversário, seduzindo-o ao acordo, e assim por diante. Não fica excluída a hipótese de que a vontade de recorrer esteja menos na parte e mais no advogado, receoso de ver atingido seu prestígio profissional pela derrota, ou movido por animosidade contra o advogado da parte contrária. Por outro lado, fatores também múltiplos e variados influem na opção entre interpor e não o recurso: a estimativa das despesas, a previsão do tempo até o julgamento, a qualidade da decisão, a existência ou não de orientação jurisprudencial firme sobre a questão, e até a situação de mercado de trabalho na advocacia.

---

[63] Mattirolo, Luis. *Tratado de Derecho Judicial Civil*. Traducción de Ricardo Garrido Juan. Madrid: Réus, 1936, p. 406.

[64] Barbosa Moreira, José Carlos. *Comentários ao Código de Processo Civil*. v. 5. 12. ed. Rio de Janeiro: Forense, 2005, p. 238.

1.6.1.1. Maior experiência do órgão ad quem

Apesar de nem sempre verdadeiro, uma segunda decisão, oriunda de um colegiado de juízes de hierarquia superior, de regra mais experientes,[65] pode corresponder melhor à justiça[66] no caso concreto, havendo maior probabilidade de acerto[67] e diminuindo as chances de passarem ilesos de exame, aspectos relevantes para a apropriada análise da espécie.[68]

A chancela da sentença, por outro tribunal, na lição de Portanova, concede-lhe mais prestígio uma vez analisada por juízes de mais antiga investidura,[69] desde que se leve em conta, ressalta Marcato, a carreira nas organizações judiciárias, iniciada na primeira instância e pelos critérios da antiguidade e merecimento, elevada ao segundo grau.[70]

A imperfeição humana, a partir do aceitável argumento de que o juiz comete falhas,[71] fundamentaria o inconformismo com a impossibilidade de recurso,[72] por isso a necessidade, pelo sistema, da previsão de meios para a impugnação das decisões judiciais.[73]

É bem verdade que ninguém está imune ao erro e que, em Mattirolo,[74]

> nadie goza del privilegio de la infalibilidad, y por ello es posible que los segundos Jueces yerren de la misma manera que los primeros, e incluso en mayor grado.

---

[65] Paula, Jônatas Luiz Moreira de. *Teoria Geral do Processo*. Barueri: Manole. 2002, p. 171.

[66] No sentir de Salvatore Satta, dois graus de exame pleno (fato e direito) são suficientes para garantir a maior probabilidade de justiça. *Direito Processual Civil*. 2º v. Trad. e Notas de Luiz Autuori. 7. ed. Pádua: Editor Borsoi. Rio – GB. 1973, p. 431. No mesmo sentido, Djanira Maria Radamés de Sá. *Duplo Grau de Jurisdição*: Conteúdo e Alcance Constitucional. Porto Alegre: Saraiva. 1999, p. 97.

[67] Pinto, Nelson Luiz. *Manual dos Recursos Cíveis*. São Paulo: Malheiros, 1999, p. 79.

[68] Barbosa Moreira, José Carlos. *Comentários ao Código de Processo Civil*. v. 5. 12. ed. Rio de Janeiro: Forense, 2005, p. 237.

[69] Portanova, Rui. *Princípios do Processo Civil*. 5. ed. Porto Alegre. Livraria do Advogado, 2003, p. 104.

[70] Marcato, Ana Cândida Menezes. *O Princípio do Duplo Grau de Jurisdição e a Reforma do Código de Processo Civil*. São Paulo: Atlas, 2006, p. 42-43.

[71] Pinto, Nelson Luiz. *Manual dos Recursos Cíveis*. São Paulo: Malheiros, 1999, p. 79.

[72] Portanova, Rui. *Princípios do Processo Civil*. 5. ed. Porto Alegre: Livraria do Advogado. 2003, p. 104.

[73] Pinto, Nelson Luiz. *Manual dos Recursos Cíveis*. São Paulo: Malheiros, 1999, p. 79.

[74] Mattirolo, Luis. *Tratado de Derecho Judicial Civil*. Traducción de Ricardo Garrido Juan. Madrid: Editorial Réus, 1936, p. 400.

> Pero cuando se considera que el Tribunal de apelación, por el número de sus componentes y por el superior critério y experiência de los mismos, presenta garantias mayores que las que ofrece el juicio de primer grado; [...] ... se comprende que el error es bastante más improbable en el segundo examen, o sea en el ejercicio del segundo grado de jurisdicción.

O juiz da apelação possui efetivamente uma menor probabilidade de erro, não somente porque, de regra, o processo se desenvolve diante de magistrados de maior experiência, mas porque julga sobre uma demanda precedentemente decidida, e avaliando objetivamente este resultado deve julgar melhor que o primeiro juiz, não por este ter julgado mal, mas por ser apenas uma etapa sobre a verdade.[75]

1.6.1.2. Desacerto do juízo julgador e a limitação do erro

Para Francisco Dantas,[76] a falibilidade do juiz de primeiro grau e a possibilidade de prolatação de sentença injusta tornam obrigatório o duplo grau de jurisdição, "devendo-se ouvir sempre o órgão de segundo grau".

É assim que o risco do erro ou a falibilidade das resoluções judiciais têm sido utilizados como fundamentos de cunho psicológico para a defesa da dupla instância.[77] Outros fundamentos utilizados para tanto, de acordo com Djanira de Sá,[78] são a alegada superficialidade da análise, a pressa e a precipitação do aprofundamento da lide, ensejadores de erros a serem reparados.

Considera-se que a probabilidade de maior acerto pelo órgão superior dá-se por conta do trabalho já realizado nos autos pelas partes e pela decisão já tomada no primeiro julgamento,[79] ou seja, o órgão superior estará munido de todas as razões expostas pelas

---

[75] Comoglio, Luigi Paolo, Corrado Ferri e Michele Taruffo. *Lezioni sul Processo Civile*. Seconda edizione, Il Mulino, 1998, p. 799.

[76] Dantas, Francisco Wildo Lacerda. *Jurisdição, Ação (Defesa) e Processo*. São Paulo: Dialética, 1997, p. 45.

[77] Méndez, Francisco Ramos. *Derecho Procesal Civil*. 5. ed. Tomo II. Barcelona: Jose Maria Bosch Editor S.A. 1992, p. 727.

[78] Sá, Djanira Maria Radamés de. *Duplo Grau de Jurisdição*: Conteúdo e Alcance Constitucional. Porto Alegre: Saraiva. 1999, p. 95.

[79] Barbosa Moreira, José Carlos. *Comentários ao Código de Processo Civil*. v. 5. 12. ed. Rio de Janeiro: Forense, 2005, p. 237.

partes seguidas de uma análise do julgador, o que será objeto de consideração para proferir o julgado no reexame.

1.6.1.3. Conveniência psicológica na resignação do vencido

Na prática, segundo Barbosa Moreira, inclusive os motivos de ordem psicológica apresentam resultados positivos para a adoção do duplo grau de jurisdição,[80] e "uma segunda reflexão sobre o mesmo problema é bastante para tranquilizar os figurantes do processo e da sociedade".[81]

A inconformidade das decisões judiciais desfavoráveis faz com que os recursos produzam no ser humano efeitos psicológicos de aceitabilidade da decisão revista por outro órgão,[82] mesmo que com isso se permita a marcha lenta do processo e o retardo na prestação jurisdicional solicitada.[83]

O recurso sempre representou a ideia de insatisfação do vencido e para Mattirolo, "la apelación es la expressión de una necesidad, de un instinto general del hombre. Este desconfia siempre de sus primeras impresiones, de las deliberaciones con que decide su ánimo como resultado únicamente de un primer examen sobre un assunto determinado; siente la necesidad de volver sobre él, de someterlo a nueva indagación, a nuevo juicio".[84]

Essa ideia ganha robustez quando se considera que, para as partes, a ordem jurídica é notadamente prática, em que o valor certeza não pesa menos que o valor justiça.[85]

O duplo grau de jurisdição permite que a parte se tranquilize com nova oportunidade de exame da causa, pois a restrição a um

---

[80] Barbosa Moreira, José Carlos. *Comentários ao Código de Processo Civil*. v. 5. 12. ed. Rio de Janeiro: Forense, 2005, p. 238.

[81] Assis, Araken de. *Manual dos Recursos*. São Paulo: Revista dos Tribunais, 2007, p. 69.

[82] Baptista da Silva, Ovídio Araújo. *Teoria Geral do Processo Civil*. 4. ed. rev. e atual. São Paulo: Revista dos Tribunais, 2006, p. 310.

[83] Santos, Ernane Fidélis dos. *Evolução Legislativa do Sistema Recursal de Primeiro Grau no Código de Processo Civil Brasileiro*. Meios de impugnação ao julgado civil: estudos em homenagem a José Carlos Barbosa Moreira. Coordenador Adroaldo Furtado Fabrício; Paulo César Pinheiro Carneiro...[et al.]. Rio de Janeiro: Forense, 2007, p. 206.

[84] Mattirolo, Luis. *Tratado de Derecho Judicial Civil*. Traducción de Ricardo Garrido Juan. Madrid: Editorial Réus, 1936, p. 402.

[85] Satta, Salvatore. *Direito Processual Civil*. 2º v. Trad. e Notas de Luiz Autuori. 7. ed. Pádua: Editor Borsoi. Rio – GB. 1973, p. 430.

único julgamento perpetuaria a desconfiança e insatisfação do vencido.[86]

A revisão da causa por outro órgão gera, para o sucumbente, o que se pode chamar de mitigação do inconformismo, uma vez já ter sido aquela julgada por órgão inferior.

1.6.1.4. Ampliação do exame da demanda

É próprio estabelecer-se correspondência entre os recursos e o duplo grau de jurisdição, consoante o qual se garante uma melhor resposta se as demandas passarem pelo crivo da revisibilidade.[87]

Assegura-se uma boa solução com o exame sucessivo, pois "é dado da experiência comum que uma segunda reflexão acerca de qualquer problema frequentemente conduz a mais exata conclusão, já pela luz que projeta sobre ângulos até então ignorados, já pela oportunidade que abre para a reavaliação de argumentos a que no primeiro momento talvez não se tenha atribuído o justo peso".[88]

Marcato faz uma ressalva importante, no sentido de que a ausência de duplo grau ofenderia o acesso à justiça para os que entendem ter o recurso natureza jurídica de prolongamento da ação.[89]

1.6.1.5. Controle político sobre o órgão julgador

É carente de dúvidas a afirmação de Ovídio Baptista no sentido de que é verdadeiro que o sentimento de inconformidade explica a

---

[86] Teixeira, Guilherme Puchalski. Análise fragmentada do duplo grau, enquanto regra de direito. *Revista de Processo* n. 158, abr./2008, p. 341.

[87] Barbosa Moreira, José Carlos. *Comentários ao Código de Processo Civil*. v. 5. 12. ed. Rio de Janeiro: Forense, 2005, p. 237.

[88] Idem, ibidem.

[89] Marcato, Ana Cândida Menezes. *O Princípio do Duplo Grau de Jurisdição e a Reforma do Código de Processo Civil*. São Paulo: Atlas, 2006, p. 47. Wambier, Almeida e Talamini consideram o recurso uma extensão do direito de ação. Wambier, Luiz Rodrigues; Almeida, Flávio Renato Correia de; Talamini, Eduardo. *Curso Avançado de Processo Civil*. v. 1: *Teoria geral do processo e processo de conhecimento*. 8. ed. rev., atual. e ampl. São Paulo: Revista dos Tribunais, 2006, p. 516. Ainda, Djanira Maria Radamés de Sá. *Duplo Grau de Jurisdição*: Conteúdo e Alcance Constitucional. Porto Alegre: Saraiva. 1999, p. 88. Contrapondo-se a este paradigma, o Prof. Araken de Assis atribui ao recurso natureza jurídica de pretensão autônoma, "uma vez que a análise dos elementos da pretensão recursal revela que o recurso constitui pretensão autônoma, porque diferente da primitiva, exercitada em *simultaneo processu*." *Manual dos Recursos*. São Paulo: Revista dos Tribunais, 2007, p. 43.

criação e a manutenção dos recursos, e resume-se na segurança que as partes gozam de saber que os juízes terão suas decisões sujeitas a posterior análise, obrigando-os a atuar com responsabilidade e a fundamentar adequadamente seus julgados.[90] É o que Mattirolo chama de "buena" ou "recta adminstración de justicia".[91]

Por isso, Marcato salienta que a existência de tribunais superiores serve para advertir o juiz no sentido de que tenha cuidados no seu comportamento, deixando-o ciente da possibilidade de revisão de sua decisão, o que não lhe agrada.

Se o duplo grau de jurisdição fosse eliminado, abrir-se-iam veredas para os juízes desfilarem sua soberania e pretensa infalibilidade, e, pela ausência de reexame de suas decisões, aflorar sua tirania, arbítrio,[92] manifestada em "abuso de poder",[93] o que "atentaria contra o próprio Estado de Direito, princípio basilar sobre o qual se assenta o Estado brasileiro".[94]

O presente fundamento concretiza-se no principal para a manutenção do princípio do duplo grau, pois, para Cintra, Ada Pellegrini e Dinamarco, todos os atos estatais devem possuir seus necessários controles. Por isso

> o Poder Judiciário, principalmente onde seus membros não são sufragados pelo povo, é, dentre todos, o de menor representatividade. Não o legitimaram as urnas, sendo o controle popular sobre o exercício da função jurisdicional ainda incipiente

---

[90] Baptista da Silva, Ovídio Araújo. *Teoria Geral do Processo Civil*. 4. ed. rev. e atual. São Paulo: Revista dos Tribunais, 2006, p. 310. No mesmo sentido Marcato, Ana Cândida Menezes. *O Princípio do Duplo Grau de Jurisdição e a Reforma do Código de Processo Civil*. São Paulo: Atlas, 2006, p. 43.

[91] Mattirolo, Luis. *Tratado de Derecho Judicial Civil*. Traducción de Ricardo Garrido Juan. Madrid: Editorial Réus, 1936, p. 403. Corrobora dizendo que: "Establecido un segundo y sucesivo examen del proceso, los mismos Jueces de primera instancia serían impulsados por su amor próprio a desplegar la máxima diligencia y a hacer las más cuidadosas investigaciones en el estúdio del proceso, a fin de evitar en sus pronunciamientos todo error y omisión que pudiera proporcionar motivo de censura y de reparación por parte de los Magistrados de segundo grado". O duplo grau seria "tanto por el interés del Estado como por el de los litigantes", p. 404.

[92] Leal, Paulo J. B.; Porto Alegre, Valdir. Duplo grau de jurisdição. *Revista dos Tribunais*. v. 826, ago/2004, p. 738.

[93] Sá, Djanira Maria Radamés de. *Duplo Grau de Jurisdição*: Conteúdo e Alcance Constitucional. Porto Alegre: Saraiva. 1999, p. 88. A autora adverte que se correria risco real e verdadeiro "com a instituição de juiz único, porque este, sabedor da inexistência de qualquer tipo de controle sobre seus atos, poderia ser tentado a cometer arbitrariedades", p. 97.

[94] Pinto, Nelson Luiz. *Manual dos Recursos Cíveis*. São Paulo: Malheiros, 1999, p. 79.

em muitos ordenamentos, como o nosso. É preciso, portanto, que se exerça ao menos o controle interno sobre a legalidade e a justiça das decisões judiciárias. Eis a conotação política do princípio do duplo grau de jurisdição.[95]

O juiz está vinculado à observância das normas jurídicas, agindo com honestidade processual em todos os atos permitidos às partes, procedendo com acerto e aplicando o direito posto, e desse vínculo exsurge a possibilidade de controle sobre o seu proceder.[96] Há sim, "estreme de dúvidas, colorido eminentemente político do princípio em estudo – precipuamente político, pode-se dizer".[97]

No mesmo sentido segue Méndez[98] ao afirmar que "la impugnación es un médio de neutralización de los juicios de valor del órgano jurisdiccional, sirve para que el juez reflexione sobre su própio juicio y controle a la vez la motivación de su resolución".

Argumenta-se ainda no sentido de que a ausência de um duplo exame teria o condão de criar maiores condições para que o juiz de primeiro grau pudesse fugir aos deveres de sua função, agindo com interesse ou má-fé. Inaceitável que um ato dessa envergadura,[99] pela ausência de duplo grau, ficasse imune de revisão,

---

[95] Cintra, Antonio Carlos de Araújo; Grinover, Ada Pellegrini; Dinamarco, Cândido Rangel. *Teoria Geral do Processo*. 14. ed. rev. e atual. São Paulo: Malheiros Editores, 1998, p. 74.

[96] Satta, Salvatore. *Direito Processual Civil*. 2º v. Trad. e Notas de Luiz Autuori. 7. ed. Pádua: Editor Borsoi. Rio – GB. 1973, p. 432-3.

[97] Bandeira de Melo, Ricardo Procópio. *Princípio do Duplo Grau de Jurisdição*: Garantia Constitucional, extensão e algumas notas sobre o § 3º do art. 515 do CPC. In Aspectos polêmicos e atuais dos recursos cíveis e de outros meios de impugnação às decisões judiciais. Coordenação Nelson Nery Jr. e Teresa Arruda Alvim Wambier. São Paulo: Revista dos Tribunais, 2005. (Série aspectos polêmicos e atuais dos recursos; v. 8), p. 672. Segundo o autor "não se afigura razoável, num Estado Democrático de Direito que proclama a cidadania e a dignidade da pessoa humana como valores fundantes (CF, art. 1º, *caput* e incisos II e III), considerar como ampla a defesa à qual não se agregue, como desdobramento – ou prolongamento – natural de sua própria essência, a possibilidade de provocar o reexame da sentença, a fim de evitar o império de um único juiz ou órgão julgador na apreciação e julgamento das causas. Tais julgamentos, então, teriam caráter absoluto, não obstante a intransponível falibilidade característica dos agentes que encarnam os órgãos do Poder Judiciário", p. 671.

[98] Méndez, Francisco Ramos. *Derecho Procesal Civil*. 5. ed. Tomo II. Barcelona: Jose Maria Bosch Editor, 1992, p. 706.

[99] O professor Cândido Rangel Dinamarco, falando sobre ideologias do juiz, e em que pese não estar se manifestando acerca do duplo grau de jurisdição, dá um exemplo que mostra o que poderia acontecer com o excesso de poderes do juiz, caso não existisse o duplo grau. "Muito eloquente é o caso, que foi amplamente noticiado na imprensa italiana na década dos anos setenta, do juiz que, comprometido com o pensamento marxista de supremacia do proletariado, beneficiou com a reintegração no emprego um padeiro que havia sido despedido

que imporia aos juízes o compromisso de atuar com alto grau de zelo na atividade judicante.

Destarte, é digno de nota o asseverado por Calmon de Passos[100] no sentido de que "a existência, no mínimo, de controles internos ao próprio Judiciário se mostra como indeclinável, sob pena de se desnaturar uma característica básica do Estado de Direito, privilegiando-se, no seu bojo, agentes públicos que pairem acima de qualquer espécie de fiscalização ou disciplina quanto a atos concretos de exercício de poder por eles praticados.".

1.6.1.6. Uniformização da jurisprudência

Tem-se dito que a busca pela uniformização do direito federal é um dos objetivos a serem alcançados pelos tribunais para trazer segurança aos jurisdicionados que, face à consolidação de entendimentos, poderão ter a certeza de que as decisões são fruto de reiterados julgados que traduzem a manifestação concreta do pensamento judicial.

Favoravelmente a esta ideia, Marcato[101] aduz ser uma preocupação válida na medida em que a ausência do duplo grau de jurisdição implicaria a impossibilidade de revisão dos julgados e o afastamento da condição de uniformização da jurisprudência que se concretiza com a reiteração dos julgados dos Tribunais em determinado sentido.

A despeito dos recursos extraordinários que buscam criar um direito uniforme, os recursos ordinários criados para alcançar a reapreciação da pretensão ou defesa apresentada, de um para outro órgão, merecem maior atenção, não somente pela uniformidade,

---

em virtude de envolvimento amoroso com a mulher do patrão: eram somente os três trabalhando na pequena empresa e a situação de constrangimento criada com essa decisão absurda era insuportável. Nos noticiários a propósito, manifestou-se verdadeira indignação popular a respeito, o que é sinal inquestionável de falta de legitimidade. Além disso, a própria estrutura técnico-processual oferece meios para minimizar riscos como esse e assegurar decisões despersonalizadas, através do duplo grau de jurisdição; em grau de recurso, aquela decisão do juiz italiano foi cassada e a justiça se restabeleceu, com o primado dos valores da sociedade sobre as preferências pessoais do juiz". *Instrumentalidade do Processo*. São Paulo: Malheiros Editores. 2005, p. 362.

[100] Calmon de Passos, Joaquim José. O devido processo legal e o duplo grau de jurisdição. *Revista da Ajuris*, v. 25, Porto Alegre, 1982, p. 142-143.

[101] Marcato, Ana Cândida Menezes. *O Princípio do Duplo Grau de Jurisdição e a Reforma do Código de Processo Civil*. São Paulo: Atlas, 2006, p. 46.

mas porque fazem a justiça com maior eficiência, e, se ao menos confirmam a decisão, consolam os inconformados.[102]

1.6.1.7. Conclusão acerca dos argumentos favoráveis

Infere-se da análise de todos os fatores em que se assentou a doutrina favorável ao duplo grau que, em todos eles, há um desejo comum, a saber, a necessidade de uma sentença justa. Esse resultado somente seria alcançado se, de modo equilibrado, houver a ampliação do exame da lide.

O ideal de justiça se daria com juízes mais experientes no órgão revisor que, do alto do seu conhecimento, ao menos teoricamente, proporcionam maior segurança para perfectibilizar os anseios de justiça. Os julgados do órgão revisor, além de mitigar as possibilidades de erros do juízo *a quo*, ampliariam o exame da demanda e confortariam as partes quanto à certeza pela busca do processo com resultado justo.

Apesar da defesa, por vezes exagerada, do duplo grau de jurisdição, Djanira de Sá, conclui que "quanto mais se examina uma sentença, mais perfeita é a distribuição da justiça, o que equivale a dizer que o princípio não só constitui garantia fundamental de boa justiça, como se revela essencial à organização judiciária".[103]

Conquanto todos os argumentos dogmáticos e pragmáticos acima identificados como favoráveis ao duplo grau de jurisdição, é crível que ele seja apenas um critério político ou de oportunidade, e, em que pese uma certa facilidade encontrada para enfrentar cada um deles, é certo que existe um razoável convencimento a respeito da validade fundamental dos mesmos.[104]

Não se poderia cogitar da uniformização de jurisprudência, da redução nas chances de equívocos pela falibilidade humana e na satisfação pelo ser humano com a existência de um duplo grau, se,

---

[102] Santos, Ernane Fidélis dos. *Evolução Legislativa do Sistema Recursal de Primeiro Grau no Código de Processo Civil Brasileiro*. Meios de impugnação ao julgado civil: estudos em homenagem a José Carlos Barbosa Moreira. Coordenador Adroaldo Furtado Fabrício; Paulo César Pinheiro Carneiro...[et al.]. Rio de Janeiro: Forense, 2007, p. 207.

[103] Radamés de Sá, Djanira Maria. *Duplo Grau de Jurisdição*: Conteúdo e Alcance Constitucional. Porto Alegre: Saraiva. 1999, p. 99.

[104] Méndez, Francisco Ramos. *Derecho Procesal Civil*. 5. ed. Tomo II. Barcelona: Jose Maria Bosch, 1992, p. 727.

ao cidadão, não fosse permitido um novo julgamento da decisão final do processo.[105]

Salvo exceções previstas pelo legislador, é possível dizer que, embora toda a argumentação contrária, o duplo grau de jurisdição está consolidado no sistema processual civil. Mesmo os que negam a qualidade de princípio não negam sua plena vigência.

Por conta dos argumentos favoráveis, Dinamarco compreende que o princípio do duplo grau de jurisdição constitui elemento do almejado equilíbrio entre a segurança jurídica e a ponderação nos julgamentos, responsáveis pela qualidade, confiabilidade e brevidade dos julgados.[106]

1.6.1.8. Contraponto aos argumentos favoráveis

Equivocado, para Marinoni e Arenhart, o argumento de que apenas os juízes de segundo grau, em razão de sua maior experiência, podem ter a última palavra respeitante à situação conflitiva, pois seria o mesmo que afirmar que o juiz, apesar da sua falta de contato com partes e provas, apresenta obrigatoriamente as melhores condições para julgar. Em muitos casos, especialmente nos mais simples, se pode dispensar uma dupla revisão, já que esta acarreta prejuízo para quem espera pela resolução do problema.[107]

A maior experiência aliada com, ao menos em tese, um maior conhecimento, por parte dos julgadores do órgão de hierarquia superior proporcionaria, também em tese, um juízo de maior qualidade à prestação jurisdicional, o que nem sempre é verdadeiro. Se o critério de maior experiência fosse fundamental, seria melhor encomendar a decisão diretamente ao juízo superior, refere Hitters.[108]

A superioridade do órgão não resulta, obrigatoriamente, na certeza de justiça do pronunciamento, pois "o segundo ato não é

---

[105] Teixeira, Guilherme Puchalski. Análise fragmentada do duplo grau, enquanto regra de direito. *Revista de Processo* n. 158, abr. 2008, p. 348.

[106] Dinamarco, Cândido Rangel. *Instituições de direito processual civil*. v. 1, 5. ed. rev. e atual. São Paulo: Malheiros Editores, 2005, p. 257.

[107] Marinoni, Luiz Guilherme. Arenhart, Sérgio Cruz. *Manual do Processo de Conhecimento*. 4. ed. rev. atual. e ampl. São Paulo: Revista dos Tribunais, 2005, p. 496.

[108] Hitters, Juan Carlos. *Técnica de los recursos ordinários*. 2. ed. La Plata: Libreria Platense, 2004, p. 99.

necessariamente melhor do que o primeiro. É apenas superior".[109] Ainda que se aceite o argumento da maior experiência e sabedoria, apesar de falacioso, então seria coerente abolir-se o primeiro grau, uma vez que o benefício estaria na composição do órgão, e não na dupla análise.[110]

Há opositores ao duplo grau de jurisdição sustentando que, pela provável maior capacidade dos órgãos superiores para fazer justiça, a estes deveria ser entregue a função de julgamento. Entretanto, em não gozando de tal presunção, devolver-lhes a matéria para reapreciação pode gerar a substituição de uma decisão certa por outra errada.[111]

Para o escritor italiano Luis Mattirolo, a teoria da possibilidade do erro do julgador de primeiro grau já vem sendo criticada desde o início do século XX por franceses e italianos.[112] A possibilidade de erro ou prevaricação é comum tanto aos juízes de primeiro quanto aos magistrados de maior hierarquia, assegura Hitters.[113] Se o recurso confirma a sentença, a revisão foi inútil; se modifica, ninguém poderá dizer se a integridade moral e a afirmação da verdade jurídica está ao lado dos primeiros ou dos segundos.[114]

Nada obstante essas afirmações, as possibilidades de erro podem dar-se com igual vigor no juízo de revisão, uma vez que não

---

[109] Assis, Araken de. *Manual dos Recursos*. São Paulo: Revista dos Tribunais, 2007, p. 70.

[110] Idem, ibidem.

[111] Barbosa Moreira, José Carlos. *Comentários ao Código de Processo Civil*. v. 5. 12. ed. Rio de Janeiro: Forense, 2005, p. 237.

[112] Mattirolo, Luis. *Tratado de Derecho Judicial Civil*. Traducción de Ricardo Garrido Juan. Madrid: Editorial Réus (S.A.), 1936, p. 399.

[113] Hitters, Juan Carlos. *Técnica de los recursos ordinários*. 2. ed. La Plata: Libreria Platense, 2004, p. 98.

[114] Mattirollo transcreve a seguinte passagem do escritor Fournier: "¿Por qué razón un Juez de primera instancia no deberá considerarse tan hábil y recto como un Juez de apelación? ¿Acaso no podría incluso serlo en mayor grado? Por lo tanto, si se interpone apelación, y el Magistrado de segundo grado se pronuncia en sentido diverso del primero ¿qué sucederá? Un deplorable espectáculo de Magistrados y de sentencias contradiciéndose los unos a los otros, una incerditumbre fatal acerca de la verdad controvertida". Mattirolo, Luis. *Tratado de Derecho Judicial Civil*. Traducción de Ricardo Garrido Juan. Madrid: Editorial Réus, 1936, p. 399. Para Méndez, "Si se acude a critérios de complejidad jurídica o de experiencia del personal jurisdiccional, como mayor garantia de una resolucion, ¿por qué no encomendarla desde el principio al órgano de la apelación?". Méndez, Francisco Ramos. *Derecho Procesal Civil*. 5. ed. Tomo II. Barcelona: Jose Maria Bosch Editor, 1992, p. 727.

há qualquer comprovação científica de que os primeiros julgadores falham mais que os segundos.

Uma vez reformada a decisão, presente a dúvida acerca da correta, já que o órgão superior que também é passível de erro,[115] pode reformar uma decisão que foi dada em conformidade com o direito e a justiça, o que lhe retira a qualidade de superior.[116]

Duplicidade de exame não significa, obrigatoriamente, ampliação de exame. Este sugere um aprofundamento da demanda, o que nem sempre ocorre no grau superior. O juiz de primeiro grau apresenta maiores condições, ao menos no aspecto fático, de análise mais aprofundada que o órgão superior. Nas questões de direito, dependerá da dedicação que cada julgador apresentar para os fins de seu mister.[117]

Disso extrai-se que dificilmente haverá um acréscimo de trabalho ao já desenvolvido pelo juiz de primeira instância, que possui a seu favor as vantagens da oralidade, afastadas do segundo órgão.

Não se pode confundir o controle da atividade do juiz com a oportunidade que se dá ao vencido de revisar decisão a si desfavorável, pois, no primeiro caso, os Tribunais possuem seus próprios mecanismos de fiscalização.[118] A Emenda Constitucional 45, que criou o CNJ – Conselho Nacional de Justiça –,[119] estabeleceu uma forma de controle externo, *ex vi* dos arts. 92, I-A, e 103-B da CF.

Levando-se, ainda, em conta uma possível prevaricação, o fato de ser mais difícil a corrupção de um órgão colegiado, argumento aceitável, não afasta ou diminui tal risco, haja vista a possibilidade de existência daquela também no segundo órgão. Não parece estar entre os objetivos das reformas a adoção de órgãos colegiados no primeiro grau e os poderes dados ao relator (art. 557 CPC) parecem evidenciar exatamente o inverso, enfraquecendo tais argumentos.[120]

---

[115] Portanova, Rui. *Princípios do Processo Civil*. 5. ed. Porto Alegre. Livraria do Advogado. 2003, p. 105.

[116] Marcato, Ana Cândida Menezes. *O Princípio do Duplo Grau de Jurisdição e a Reforma do Código de Processo Civil*. São Paulo: Atlas, 2006, p. 49.

[117] Assis, Araken de. *Manual dos Recursos*. São Paulo: Revista dos Tribunais, 2007, p. 72.

[118] Marinoni, Luiz Guilherme. Arenhart, Sérgio Cruz. *Manual do Processo de Conhecimento*. 4. ed. rev. atual. e ampl. São Paulo: Revista dos Tribunais, 2005, p. 496.

[119] Sobre o tema ver Macedo, Elaine Harzheim. *Jurisdição e Processo*: crítica histórica e perspectivas para o terceiro milênio. Porto Alegre: Livraria do Advogado Editora, 2005, p. 246 e ss.

[120] Assis, Araken de. *Manual dos Recursos*. São Paulo: Revista dos Tribunais, 2007, p. 71.

Quanto ao objetivo de uniformização da jurisprudência, Araken de Assis observa que por certo, "tão irrealizável quanto desnecessário", é fator de sensação de prolongamento indefinido das causas.[121]

1.6.2. Razões desfavoráveis ao duplo grau de jurisdição

Considerando o fato de que o duplo grau de jurisdição teve origem histórica relacionada à concentração do poder, razão pela qual começaram a surgir os recursos, a atual ausência deste poder soberano evidencia-se num argumento contrário àquele.

Inadmitir que somente uma pessoa tivesse tanto poder, a ponto de que suas decisões fossem afastadas de qualquer reexame, foi historicamente a razão maior para a manutenção do princípio do duplo grau de jurisdição.[122] Este panorama, segundo Gerson Branco, não mais se faz presente, autorizando, assim, a relativização do princípio.

1.6.2.1. Ofensa ao princípio da oralidade

Para mitigar o princípio do duplo grau de jurisdição, um dos argumentos centrais tem-se escorado no princípio da oralidade,[123] o qual permite ao juiz de primeiro grau rapidez,[124] a devida proximidade com as partes e as provas, e as melhores condições de formação de seu juízo, conferindo-lhe, mais que a qualquer outro, condições de decidir com maior grau de segurança.

Com o depoimento das partes e testemunhas, terá o juiz a oportunidade de certificar-se da honestidade, o que aconselha que o julgamento da demanda seja realizado por quem colhe e avalia a prova. Essa avaliação, para Arruda Alvim,[125] fica mais robusta quando o julgador é o mesmo que coletou a prova, traduzindo-se em maior qualidade do julgado.

---

[121] Assis, Araken de. *Manual dos Recursos*. São Paulo: Revista dos Tribunais, 2007, p. 77.

[122] Branco, Gerson Luiz Carlos. *O duplo grau de jurisdição e sua perspectiva constitucional*. Processo e Constituição. C. A. Alvaro de Oliveira (org.)... [et al.]. Rio de Janeiro: Forense, 2004, p. 190.

[123] Segundo Liebman, Enrico Tullio. Lezioni di Diritto Processuale Civile. Milano: Dott. A. Giuffrè Editore. 1951, p. 115, "Il principio dell'oralità consiste nella forma orale della trattazione della causa. [...] ... la trattazione principale va fatta oralmente in udienza davanti ai giudici che dovranno decidere la causa."

[124] Rodrigues, Marcelo Abelha. *Elementos de Direito Processual Civil*, v. 2. São Paulo: Revista dos Tribunais, 2000, p. 179.

[125] Alvim, Arruda. *Manual de Direito Processual Civil*, v. 1: parte geral. 10. ed. rev. atual. e ampl. São Paulo: Revista dos Tribunais, 2006, p. 36-37.

A oralidade possui, além de um aspecto formal, um sentido profundo, refere Talamini,[126] o de que "o juiz há de ter contato *pessoal, direto e recente* com os elementos formadores de sua convicção para a decisão da causa.".

Neste particular, Laspro[127] é preciso, dizendo que o juiz de primeiro grau, se não tem a experiência a seu favor tem o conhecimento dos fatos pela prova testemunhal, a concentração e a oralidade do processo. Assinala Tesheiner que os juízes de segundo grau apenas leem os depoimentos das partes e declarações das testemunhas, não as ouvindo ou interrogando.[128]

O duplo grau de jurisdição visto sob a ótica da total recorribilidade afasta os benefícios da oralidade, pois permitirá que juízo diverso, carente do acompanhamento próximo da instrução processual, profira nova decisão. Consequentemente, "se a dupla revisão, no caso de matéria de fato, é óbice à efetividade da oralidade, *o denominado duplo grau não pode ser considerado princípio fundamental de justiça*".[129]

A valorização da oralidade, para Cappelletti e Garth,[130] tem sido buscada desde o início do século XX e objetiva a melhora e modernização dos Tribunais e seus procedimentos.

1.6.2.2. Ofensa ao direito à razoável duração do processo

É sabido que os recursos protelam o momento para a entrega da prestação jurisdicional. Além disso, muitos recursos são apresentados especificamente com esse propósito.

---

[126] Talamini, Eduardo. A nova disciplina do agravo e os princípios constitucionais do processo. Revista de Informação legislativa. Brasília: Senado Federal, Subsecretaria de Edições Técnicas, Ano 33, nº 129, jan-mar 1996, p. 68. Ver Bedaque, José Roberto dos Santos; Brasil Jr., Samuel Meira; Oliveira, Bruno Silveira de. *A oralidade no processo civil brasileiro.* Processo Civil: novas tendências: estudos em homenagem ao Professor Humberto Theodoro Júnior. Belo Horizonte, Del Rey, 2008.

[127] Laspro, Oreste Nestor de Souza. Garantia do Duplo Grau de Jurisdição. In *Garantias constitucionais do processo civil.* coordenador José Rogério Cruz e Tucci. 1. ed. 2. tir. São Paulo: Revista dos Tribunais, 1999, p. 198.

[128] Tesheiner, José Maria Rosa. Em tempos de reformas – o reexame das decisões judiciais. *Revista de Processo*, v. 147, São Paulo: RT, 2007, p. 154.

[129] Marinoni, Luiz Guilherme; Arenhart, Sérgio Cruz. *Manual do Processo de Conhecimento.* 4. ed. rev. atual. e ampl. São Paulo: Revista dos Tribunais, 2005, p. 498. (grifos no original)

[130] Cappelletti, Mauro; Garth, Bryant. *Acesso à Justiça.* Tradução Ellen Gracie Northfleet. Porto Alegre: Sergio Antonio Fabris Editor. 1988, p. 76.

Estando a duração dos feitos no centro das preocupações, as resoluções tardias geram prejuízos de toda a natureza, como, por exemplo, econômicos, concretizando-se numa verdadeira denegação de justiça. Mesmo assinalando essa como uma das justificativas mais desfavoráveis ao duplo grau de jurisdição, Marcato[131] não defende a abolição da observância do princípio, mas a busca pelo equilíbrio entre celeridade e duplo juízo da decisão.

É bom, outra vez, referir que o enfoque dado ao duplo grau de jurisdição no presente trabalho é atinente com a possibilidade ampla de reexame, o que significa relação direta com o recurso de apelação que representa apenas visão em parte do complexo de recursos de nosso sistema processual. Visto desta forma, não é adequado atribuir ao duplo grau de jurisdição a responsabilidade única[132] pela demora no desfecho do processo.

1.6.2.3. Necessidade de valorização do juízo de primeiro grau

A percepção pelos jurisdicionados de que as decisões se sujeitam a recursos, não legitima a prodigalização destes, "reduzindo a limites intoleráveis a jurisdição de primeiro grau",[133] como ora acontece.

Neste aspecto, diz-se que perde muito em importância o papel do juiz de primeiro grau quando o sistema submete à revisão todas as causas, uma vez que retira da sua decisão a qualidade inerente, *"que é aquela de modificar a vida das pessoas, conferindo tutela concreta ao direito do autor"*.[134] Em vista disso, entende-se que o duplo grau despreza o primeiro grau, retirando-lhe a confiança, pois não pode decidir sozinho as demandas.[135]

---

[131] Marcato, Ana Cândida Menezes. *O Princípio do Duplo Grau de Jurisdição e a Reforma do Código de Processo Civil*. São Paulo: Atlas, 2006, p. 47.

[132] Neste sentido manifesta-se Ana Marcato para quem "a observância do duplo grau não seria a responsável pelos inúmeros outros recursos existentes em nosso ordenamento". Marcato, Ana Cândida Menezes. *O Princípio do Duplo Grau de Jurisdição e a Reforma do Código de Processo Civil*. São Paulo: Atlas, 2006, p. 47.

[133] Baptista da Silva, Ovídio Araújo. *Teoria Geral do Processo Civil*. 4. ed. rev. e atual. São Paulo: Revista dos Tribunais, 2006, p. 310.

[134] Marinoni, Luiz Guilherme; Arenhart, Sérgio Cruz. *Manual do Processo de Conhecimento*. 4. ed. rev. atual. e ampl. São Paulo: Revista dos Tribunais, 2005, p. 499.

[135] Idem, ibidem. No mesmo sentido Calmon de Passos, Joaquim José. O devido processo legal e o duplo grau de jurisdição. *Revista da Ajuris*, v. 25, Porto Alegre, 1982, p. 143.

O descrédito dos juízes de primeiro grau ocorreria na medida em que a decisão de segundo grau tem caráter substitutivo, o que retira, senão totalmente, ao menos uma grande parte do valor da decisão do juízo *a quo*, que serviria apenas para instrução do processo,[136] e para emissão de opinião sobre os fatos e o direito.

Firme é a posição de Marinoni e Arenhart de que, ao julgador de primeiro grau, devem ser conferidos, de modo premente, maiores poderes. Atentam para a questão de que

> o problema, portanto, é o de exigir maior responsabilidade do juiz de primeiro grau, sendo completamente descabido aceitar que o juiz somente exercerá com zelo e proficiência suas funções quando ciente de que sua decisão será revista. Esse raciocínio despreza a importância da figura do juiz de primeiro grau, que deve ter maior poder e, portanto, maior responsabilidade para que a função jurisdicional possa ser exercida de forma mais racionalizada e efetiva. Dar ao juiz poder para decidir sozinho determinadas demandas é imprescindível para a qualidade e efetividade da prestação jurisdicional.[137]

Não é nova essa ideia de que há desprestígio dos juízes que proferem a sentença. Mattirolo, em seu *Tratado de Derecho Judicial Civil*, traduzido para o espanhol em 1936, reconhece que, admitida a apelação, o juiz de primeiro grau perde toda a importância e se converte em simples passo para abrir o verdadeiro juízo que é o segundo grau, onde as partes discutiriam realmente o processo. Conscientes do seu pouco valor estariam desobrigados de estudar cuidadosamente as causas, deixando aos magistrados superiores a tarefa de suprir seus eventuais defeitos. Seria uma etapa inútil, autorizando a criação de uma instância única com todas as garantias.[138]

O sistema recursal, assegura Elaine Macedo, deve optar pela "valorização dos juízos de primeiro grau e, na devida medida, dos juízos dos tribunais locais, em detrimento dos tribunais superiores", dado que estes centralizam o poder e devem ser reservados a demandas de real importância, sob pena de mantermos distantes, forma e realidade.[139]

---

[136] Marcato, Ana Cândida Menezes. *O Princípio do Duplo Grau de Jurisdição e a Reforma do Código de Processo Civil*. São Paulo: Atlas, 2006, p. 48.

[137] Marinoni, Luiz Guilherme; Arenhart, Sérgio Cruz. *Manual do Processo de Conhecimento*. 4. ed. rev. atual. e ampl. São Paulo: Revista dos Tribunais, 2005, p. 496.

[138] Mattirolo, Luis. *Tratado de Derecho Judicial Civil*. Traducción de Ricardo Garrido Juan. Madrid: Editorial Réus (S.A.), 1936, p. 400.

[139] Macedo, Elaine Harzheim. *Jurisdição e Processo*: crítica histórica e perspectivas para o terceiro milênio. Porto Alegre: Livraria do Advogado, 2005, p. 279.

Neste particular, Marinoni[140] alude a que, atualmente, apenas em poucos casos as sentenças podem ser executadas na pendência do recurso, o que retira em muito a importância do juiz de primeiro grau, demonstrando-se, assim, a falta de confiança do sistema neste juízo que não pode decidir sozinho sem que haja reexame.

Converge esta posição com a de Cruz e Tucci para quem, apesar do acolhimento da regra da oralidade, a sentença proferida pelo juiz de primeiro grau, salvo em casos excepcionais em que pode ser executada, não ostenta na prática valor algum. Necessária a valorização do juízo monocrático, e como regra, a exequibilidade provisória da sentença.[141] O mesmo já vem, de há muito, sendo asseverado por Cappelletti,[142] que denomina como "la grave desvalorización del primer grado de jurisdicción".

Essas manifestações referem-se ao efeito suspensivo a que são submetidas a imensa maioria das sentenças de primeiro grau, ressalvadas, por exemplo, as do art. 520[143] do CPC, recebidas apenas no efeito devolutivo.

Não se pode olvidar, também, que recentes exigências de tempo mínimo de atividade jurídica, incluídas pela EC 45/2004

---

[140] Marinoni, Luiz Guilherme. Garantia da Tempestividade da Tutela Jurisdicional e do Duplo Grau de Jurisdição. In *Garantias constitucionais do processo civil*. coordenador José Rogério Cruz e Tucci. 1. ed. 2. tir. São Paulo: Revista dos Tribunais, 1999, p. 220.

[141] Cruz e Tucci, José Rogério. *Tempo e Processo*: uma análise empírica das repercussões do tempo na fenomenologia processual (civil e penal). São Paulo: Revista dos Tribunais, 1997, p. 102.

[142] Cappelletti, Mauro. *Proceso, Ideologias, Sociedad*. Traducción de Santiago Sentis Melendo y Tomás A. Banzhaf. Buenos Aires: Ediciones Juridicas Europa-America. 1974, p. 289. Vejamos passagem da obra: "Piénsese en la grave desvalorización del primer grado de jurisdicción, una desvalorización ya presente en el código del 42 y sólo en parte acentuada por la Novela. Por un lado, la sentencia de primer grado normalmente no era (y no es) ejecutiva pendiente de apelación; por otro lado, la apelación era estimulada ulteriormente por el hecho de que el *ius novorum*, aunque limitado, no estaba empero totalmente excluida. Esto no podia obviamente dejar de atenuar la definitividad y por ende de desvalorizar la importancia del juicio de primer grado, acentuando así ulteriormente el ya lamentado *alejamiento del juez respecto de los hechos;* por la simple razón de que, aun en el mejor sistema procesal del mundo, no es realístico esperar en sede de apelación aquella inmediación de contacto del juez con los hechos y con las pruebas que pueda haber en cambio en primer grado.".

[143] "Art. 520. A apelação será recebida em seu efeito devolutivo e suspensivo. Será, no entanto, recebida só no efeito devolutivo, quando interposta de sentença que: I – homologar a divisão ou a demarcação; II – condenar à prestação de alimentos; III – (Revogado pela Lei nº 11.232, de 2005) IV – decidir o processo cautelar;" V – rejeitar liminarmente embargos à execução ou julgá-los improcedentes; VI – julgar procedente o pedido de instituição de arbitragem; VII – confirmar a antecipação dos efeitos da tutela;".

no art. 93, I,[144] da CF/88, têm o condão, se não de assegurar, ao menos, de buscar que os ingressantes na magistratura possuam um nível maior de experiência, e que, favorecidos por tal condição, estejam mais capacitados para julgar.

1.6.2.4. Alto percentual de manutenção das decisões

Há casos determinantes que resultam em atraso na prestação jurisdicional e que recomendam a não exigência do duplo grau, pelo menos nas causas de menor complexidade, a saber, quando o órgão de segundo grau muito dificilmente modificaria a decisão proferida pelo juiz de primeiro grau.[145] "Confirmada a decisão, o recurso seria inútil".[146]

O número de demandas confirmadas pelo órgão de reexame, que se mostram como maioria e, em que pese a ausência de estatísticas, revela o reconhecimento do acerto pelos juízes monocráticos de primeiro grau, enfraquecendo, tanto a alegação de erro, como a de prevaricação. Além de, pelo menos em tese, a decisão confirmada

---

[144] "Art. 93. Lei complementar, de iniciativa do Supremo Tribunal Federal, disporá sobre o Estatuto da Magistratura, observados os seguintes princípios: I – ingresso na carreira, cujo cargo inicial será o de juiz substituto, mediante concurso público de provas e títulos, com a participação da Ordem dos Advogados do Brasil em todas as fases, exigindo-se do bacharel em direito, no mínimo, três anos de atividade jurídica e obedecendo-se, nas nomeações, à ordem de classificação;".

[145] Marinoni e Arenhart dão o exemplo da "ação de despejo fundada em falta de pagamento de aluguel – que não é arrolada entre as causas de "menor complexidade" da Lei dos Juizados Especiais Estaduais. De acordo com a Lei do Inquilinato (Lei 8.245/91), embora seja viável, nessas hipóteses, a execução na pendência do recurso de apelação (art. 58, V), isso somente é possível quando prestada caução (art. 64). Ora, na grande maioria dos casos, o recurso de apelação, interposto contra a sentença que decretou o despejo por falta de pagamento, é improvido, o que evidencia que a caução constitui obstáculo à garantia de efetividade da tutela jurisdicional, porque desnecessário, na realidade, o próprio duplo grau de jurisdição. No caso referido, como é evidente, só é exigida caução pelo fato de que é previsto recurso. Esse recurso, se pode corrigir uma decisão injusta contra o locatário, *pode logicamente prejudicar o locador. A única maneira de resolver o impasse, assim, é optando pela solução que seja conforme aquilo que comumente ocorre na prática forense.* Se é sabido que, nesses casos, 95% das sentenças de primeiro grau são confirmadas, *insistir no recurso de apelação é prejudicar 95% dos locadores que recorrem ao Poder Judiciário. O recurso, em outras palavras, se pode poupar 5% dos locatários, certamente prejudica 95% dos locadores e beneficia, indevidamente e contra o sistema, 95% dos locatários.*" Marinoni, Luiz Guilherme. Arenhart, Sérgio Cruz. *Manual do Processo de Conhecimento.* 4. ed. rev. atual. e ampl. São Paulo: Revista dos Tribunais, 2005, p. 499.

[146] Portanova, Rui. *Princípios do Processo Civil.* 5. ed. Porto Alegre. Livraria do Advogado. 2003, p. 105.

garantir uma maior justiça e segurança jurídica, pode colaborar na conformação do vencido que teve duas decisões contrárias, mesmo após utilizado o duplo exame.

1.6.2.5. Conclusão acerca dos argumentos desfavoráveis

Deve-se ter em mira, como bem dito por Kukina,[147] que "o penhor ao cumprimento do duplo grau nem sempre e necessariamente se traduzirá num subsequente julgamento de melhor qualidade, senão que será, em dado momento, o último veredicto da cadeia recursal.

Por conseguinte, ninguém ousará afirmar que uma decisão qualquer, apenas porque prolatada pelo STF em recurso extraordinário, será, automaticamente, portadora de melhor quilate técnico e de melhor solução jurídica do que aquele decisório por ela reformado, ainda quando na sua remota origem tenha este último sido editado por um novel juiz substituto em modesta comarca interiorana. Em síntese, a duplicidade de graus, embora vocacionada a tanto, não se presta a assegurar a outorga de prestação jurisdicional justa".

1.6.2.6. Contraponto aos argumentos desfavoráveis

Mesmo considerando como argumentos contrários o fato de que: se as partes pudessem escolher o juiz, não haveria necessidade de recurso; a reforma da sentença indica mau funcionamento do sistema judiciário; o recurso retarda e encarece a solução do conflito; a existência de recurso apaga os benefícios da oralidade, imediação e concentração dos atos; a confirmação de uma sentença justa constitui inutilidade; o tribunal pode confirmar uma sentença injusta, e, se justa, a própria interposição do recurso ofende o direito; o tribunal pode substituir uma sentença justa por um acórdão injusto; o recurso serve para a concentração de poder numa aristocracia judiciária e; não há demonstração de que o segundo grau ofereça maior coeficiente de certeza e de justiça, ainda assim, segundo Tesheiner,

---

[147] Kukina, Sérgio Luiz. O princípio do duplo grau de jurisdição. *Revista de Processo*. São Paulo: RT. Ano 28, n. 109, jan-mar de 2003, p. 103.

não se deve suprimir o duplo grau de jurisdição, mas admitir restrições ao direito de recorrer.[148]

1.7. ABRANGÊNCIA DO DUPLO GRAU DE JURISDIÇÃO NO REEXAME DA MATÉRIA

Em que pesem as variadas formulações existentes, torna-se imperativo, para este trabalho, tentar estabelecer uma definição do alcance do duplo grau.

O alcance possui íntima relação com a devolutividade recursal, dos pontos de vista horizontal (extensão) e vertical (profundidade). As diferentes definições para o objeto do duplo grau tornaram-se evidentes nas tentativas de conceituação do mesmo, pois variam de acordo com a devolutividade da demanda como um todo, devolutividade da decisão impugnada em si e a devolutividade das questões examinadas em primeiro grau.[149]

Neste ponto, há que se ressaltar a existência de dificuldades para definir qual o alcance cognitivo do órgão superior (*ad quem*) em relação ao realizado pelo primeiro julgador (*a quo*). As indagações direcionam-se no sentido de identificar os poderes cognitivos no juízo de apelação, ou seja, se lhe é lícito examinar amplamente a causa, até mesmo sobre os aspectos não referidos, ou se se aterá à cognição realizada pelo juízo *a quo*.[150]

Acerca da abrangência do duplo grau, este, no sentir de Gerson Branco, não se resume à possibilidade de aviamento de recurso para impugnar decisões judiciais, mas sim de que seja possível a

---

[148] Tesheiner, José Maria Rosa. Em tempos de reformas – o reexame das decisões judiciais. *Revista de Processo*, v. 147, São Paulo: RT, 2007, p. 154-156.

[149] Marcato, Ana Cândida Menezes. *O Princípio do Duplo Grau de Jurisdição e a Reforma do Código de Processo Civil*. São Paulo: Atlas, 2006, p. 24.

[150] Barbosa Moreira, José Carlos. *Comentários ao Código de Processo Civil*. v. 5. 12. ed. Rio de Janeiro: Forense, 2005, p. 239. Para esclarecer, Barbosa Moreira traz um exemplo: "o juízo inferior acolheu a argüição de prescrição e, com isso, julgou improcedente o pedido, sem analisar a parte restante do *meritum cause*. Interposto recurso contra a sentença, se o tribunal entender que houve erro na solução da preliminar, e negar a ocorrência da prescrição, pode porventura ir adiante no exame da causa, ou tem de determinar a baixa dos autos, para que o órgão *a quo* se pronuncie sobre as questões remanescentes? Caso se adote o primeiro alvitre, estar-se-á 'suprimido' um grau de jurisdição? Por mais forte razão, cabe a pergunta a propósito da possibilidade, que porventura se abra ao órgão *ad quem*, de compor a lide, sob certas condições, ao julgar recurso interposto contra sentença que extinguiu o processo sem apreciação do mérito (*vide* art. 515, § 3º, introduzido pela Lei nº 10.352)."

revisão de toda a matéria apresentada no julgamento precedente, sejam elas de caráter fático em geral ou aquelas atinentes a questões predominantemente jurídicas.[151] Nada obstante o fato de que toda a matéria seja devolvida, "o grau de cognição do juiz de segundo grau é reduzida (sic) em relação ao de primeiro, notadamente no que diz respeito ao comportamento processual das partes nos atos regidos pela oralidade e a limitação de produção de novas provas".[152]

Para se configurar o duplo grau de jurisdição, para Laspro,[153] é indispensável "a devolução integral da matéria julgada", o que não se configura, por exemplo, nos recursos somente em matéria de direito.

Na tentativa de estabelecer o âmbito ou conteúdo do duplo grau de jurisdição, Méndez afirma que as possibilidades fundam-se em dois parâmetros: É possível admitir uma apelação plena, sempre tendo lugar para novas provas, sem limitações; ou também se pode construir uma apelação limitada, restringida à revisão das matérias de primeira instância. No primeiro caso, seria uma segunda instância em toda sua plenitude; e, no segundo caso, estaríamos diante de uma simples revisão.[154]

Cada sistema pode estabelecer, dependendo do direito que pretende construir, uma série de limitações, como, por exemplo, a prevista no CPC em seu artigo 515, § 3º,[155] no chamado julgamento *per saltum*.

Diante de tal dado, Estêvão Mallet refere que, "normalmente, não se assegura (sic) pelo menos dois juízos sobre todas as questões

---

[151] Branco, Gerson Luiz Carlos. *O duplo grau de jurisdição e sua perspectiva constitucional*. Processo e Constituição. C. A. Alvaro de Oliveira (org.)... [et al.]. Rio de Janeiro: Forense, 2004, p. 187.

[152] Idem, p. 185-231.

[153] Laspro, Oreste Nestor de Souza. Garantia do Duplo Grau de Jurisdição. In *Garantias constitucionais do processo civil*. coordenador José Rogério Cruz e Tucci. 1. ed. 2. tir. São Paulo: Revista dos Tribunais, 1999, p. 193.

[154] Méndez, Francisco Ramos. *Derecho Procesal Civil*. 5. ed. Tomo II. Barcelona: Jose Maria Bosch Editor. 1992, p.728. Na Espanha, segundo este autor, "el contenido de nuestra segunda instancia está a médio camino entre una apelación plena y una apelación limitada, inclinandose la balanza a favor de esta última.".

[155] "Art. 515. A apelação devolverá ao tribunal o conhecimento da matéria impugnada. § 3º Nos casos de extinção do processo sem julgamento do mérito (art. 267), o tribunal pode julgar desde logo a lide, se a causa versar questão exclusivamente de direito e estiver em condições de imediato julgamento.".

discutidas no processo", mas apenas "a possibilidade de a controvérsia, comprometida em sua integralidade, passar por duplo grau de jurisdição".[156]

Barbosa Moreira[157] respondendo quanto à atividade cognitiva do tribunal e o objeto do juízo de apelação, afirma que, em princípio, fica o julgador da apelação limitado, quanto aos fatos, ao que foi granjeado pelo primeiro grau. Às partes não é facultado, em segunda instância, reparar as carências e deficiências do conjunto fático anteriormente produzido. Neste sentido, não há em nosso sistema um *novum iudicium* em apelação, o que não coloca o tribunal em posição idêntica ao órgão *a quo*.

Isso importa dizer que, em nosso sistema, o tribunal possui finalidade de *controle*, podendo corrigir erros do juízo inferior, diferentemente de alguns sistemas de países alienígenas, em que a apelação funciona com *abstração*, como se fosse uma nova demanda.[158]

A regra é que a alegação das questões de mérito possui momentos predeterminados para ocorrer, para autor e réu, dependendo do caso. O art. 517 do CPC permite, porém, que "questões de fato, não propostas no juízo inferior, poderão ser suscitadas na apelação, se a parte provar que deixou de fazê-lo por motivo de força maior.". Isso modifica o processo no segundo grau, que não se equipara com o submetido ao primeiro. A regra, como dito, é a proibição, e a exceção, a inovação.[159]

1.8. EFEITO DEVOLUTIVO DA APELAÇÃO

Necessária se faz uma incursão no tema respeitante ao efeito devolutivo da apelação, recurso ordinário por excelência, e que, para os fins deste trabalho, concretiza o duplo grau de jurisdição.

---

[156] Mallet, Estêvão. Reforma da sentença terminativa e julgamento imediato do mérito (Lei 10.352). In Aspectos polêmicos e atuais dos recursos cíveis e de outros meios de impugnação às decisões judiciais. coordenação Nelson Nery Jr. e Teresa Arruda Alvim Wambier. São Paulo: Revista dos Tribunais, 2003. (Série aspectos polêmicos e atuais dos recursos; v. 7), p. 181.

[157] Barbosa Moreira, José Carlos. *Comentários ao Código de Processo Civil*. v. 5. 12. ed. Rio de Janeiro: Forense, 2005, p. 458.

[158] Idem, ibidem.

[159] Assis, Araken de. *Manual dos Recursos*. São Paulo: Revista dos Tribunais, 2007, p. 385.

O devolutivo e o suspensivo constituem-se nos principais efeitos da interposição da apelação,[160] que é o recurso dotado de maior âmbito de devolutividade, obrigando a reexaminar matérias de fato e de direito, corrigindo erros *in iudicando* e *in procedendo*.[161] É regra geral que o órgão *ad quem* somente poderá decidir acerca do objeto atacado no recurso de apelação, pois este "devolverá ao tribunal o conhecimento da matéria impugnada" (art. 515 CPC), uma vez que o recorrente, após qualificação das partes, indicará "os fundamentos de fato e de direito" e o "pedido de nova decisão" (art. 514, I e II, CPC).

Quanto à caracterização ampla do efeito devolutivo, a sua essência, respeitante aos meios de impugnação arrolados no art. 496, localiza-se na remessa ao conhecimento do mesmo ou de outro órgão judiciário da matéria julgada e impugnada e, respeitando alguns requisitos, passível de ser julgada no órgão *ad quem*. As questões subordinadas à iniciativa dos litigantes observam o aforismo *tantum devolutum quantum appelatum*. Embora o brocardo se refira à apelação, a diretriz se aplica a quaisquer recursos.[162]

Configura-se o efeito devolutivo da apelação na possibilidade que se abre ao órgão *ad quem*, para, ultrapassada a admissibilidade, apreciar o mérito do recurso, isto é, o pedido nele formulado (514, III),[163] podendo a parte, ao impugnar a decisão judicial, arguir qualquer defeito que entenda existente.[164] Assim, pode o tribunal, nos lindes do pedido, por conta da apelação, conhecer "todas as questões suscitadas e discutidas no processo, ainda que a sentença não as tenha julgado por inteiro" e "quando o pedido ou a defesa tiver mais de um fundamento e o juiz acolher apenas um deles, a apelação devolverá ao tribunal, o conhecimento dos demais."

A remessa ao órgão *ad quem* não considera a natureza da questão devolvida, não havendo correspondência necessária entre devolução e o julgamento do mérito no juízo *a quo*. Isso significa que "o efeito devolutivo não implica a necessidade de o órgão *ad quem*

---

[160] Assis, Araken de. *Manual dos Recursos*. São Paulo: Revista dos Tribunais, 2007, p. 214.

[161] Marcato, Ana Cândida Menezes. *O Princípio do Duplo Grau de Jurisdição e a Reforma do Código de Processo Civil*. São Paulo: Atlas, 2006, p. 110.

[162] Assis, Araken de. *Manual dos Recursos*. São Paulo: Revista dos Tribunais, 2007, p. 221.

[163] Idem, p. 379.

[164] Marinoni, Luiz Guilherme. Arenhart, Sérgio Cruz. *Manual do Processo de Conhecimento*. 4. ed. rev. atual. e ampl. São Paulo: Revista dos Tribunais, 2005, p. 528.

percorrer e reconstruir o trajeto transitado pelo órgão *a quo* e, muito menos, julgar o mérito no todo ou em parte".[165]

Duas dimensões estabelecem o âmbito da devolutividade, a saber, horizontal e vertical. A primeira refere-se ao pedido formulado na apelação, e a segunda, aos fundamentos do recurso.[166]

1.8.1. Extensão do efeito devolutivo (dimensão horizontal)

A máxima *tantum devolutum quantum appelatum* revela que, quanto à extensão, o efeito devolutivo abrange a matéria impugnada (art. 515, *caput*). Não podendo o apelante impugnar algo diverso daquilo que se decidiu, ao tribunal, como regra, não se devolve o conhecimento de matéria diversa ao âmbito do julgamento do órgão inferior[167] e a este julgamento se estabelecem os limites da apelação.[168]

Definir a extensão do efeito devolutivo, para Barbosa Moreira,[169] "é preciso *o que* se submete, por força do recurso, ao julgamento do órgão *ad quem*.". Assim, "a decisão apelada tem o seu *objeto*: pode haver julgado o mérito da causa (sentença definitiva), ou matéria preliminar ao exame do mérito (sentença terminativa). É necessário verificar se a decisão do tribunal cobrirá ou não área igual à coberta pela do juiz *a quo*. Encara-se aqui o problema, por assim dizer, em perspectiva *horizontal*".

---

[165] Assis, Araken de. *Manual dos Recursos*. São Paulo: Revista dos Tribunais, 2007, p. 222-223. Corroborando, afirma que "a inequívoca diferença do conteúdo da sentença, quer ela examine o mérito ou não, bem como a íntima dependência do efeito devolutivo à iniciativa do vencido demonstram que não há correspondência necessária entre o objeto de apelação e o objeto da cognição em primeiro grau.", p. 385.

[166] Bedaque, José Roberto dos Santos. Apelação: Questões sobre admissibilidade e efeitos. In *Aspectos polêmicos e atuais dos recursos cíveis e de outros meios de impugnação às decisões judiciais*. Coordenação Nelson Nery Jr. e Teresa Arruda Alvim Wambier. São Paulo: Revista dos Tribunais, 2003. (Série aspectos polêmicos e atuais dos recursos; v. 7), p. 460.

[167] Barbosa Moreira, José Carlos. *O Novo Processo Civil Brasileiro*. 19. ed. rev. e atual. Rio de Janeiro: Forense, 1999, p. 134.

[168] Assis, Araken de. *Manual dos Recursos*. São Paulo: Revista dos Tribunais, 2007, p. 386. Ver Assis, Araken de. Doutrina e prática do processo civil contemporâneo. São Paulo: Revista dos Tribunais, 2001, p. 370.

[169] Barbosa Moreira, José Carlos. *Comentários ao Código de Processo Civil*. v. 5. 12. ed. Rio de Janeiro: Forense, 2005, p. 431.

Da mesma forma que o juiz de primeiro grau precisa respeitar os limites da demanda, conforme o princípio da congruência, também o tribunal não pode extrapolar o âmbito definido pelo apelante para reexame. "Essa é a extensão do efeito devolutivo da apelação", segundo Bedaque.[170] O autor dá o seguinte exemplo:

> Deduzidos três pedidos na inicial (ressarcimento de despesas médicas, lucro cessante e danos morais), se a sentença acolher apenas o primeiro e o autor apelar tão-somente quanto a um dos dois não atendidos (lucro cessante), aquele capítulo não impugnado (danos morais) torna-se imutável e a pretensão respectiva estará definitivamente rejeitada. Em relação a ele não haverá devolução, sendo inadmissível seu exame em sede recursal.

Não podendo a extensão da matéria impugnada ser *maior* que a decidida, para Barbosa Moreira, o julgamento do tribunal, com exceção do § 3º do art. 515 e do art. 516, nunca será objeto *mais* extenso que o da sentença apelada.[171]

1.8.1.1. Efeito devolutivo parcial e total da apelação

O art. 505 do CPC prescreve que "a sentença pode ser impugnada no todo ou em parte.".

O artigo 515, em seu *caput*, proíbe ao tribunal julgar matéria alheia à que foi objeto do apelo. A apelação parcial – que deve ser expressa – interdita o exame das demais questões, ou seja, quanto aos capítulos não guerreados, o vencido aceita a sentença. Questões novas produzidas por motivo de força maior são estranhas ao efeito devolutivo, e excepcionam a regra de que a extensão do apelo não seja maior que a extensão da atividade cognitiva do primeiro grau.[172]

---

[170] Bedaque, José Roberto dos Santos. Apelação: Questões sobre admissibilidade e efeitos. In *Aspectos polêmicos e atuais dos recursos cíveis e de outros meios de impugnação às decisões judiciais.* Coordenação Nelson Nery Jr. e Teresa Arruda Alvim Wambier. São Paulo: Revista dos Tribunais, 2003. (Série aspectos polêmicos e atuais dos recursos; v. 7), p. 447.

[171] Barbosa Moreira, José Carlos. *Comentários ao Código de Processo Civil.* v. 5. 12. ed. Rio de Janeiro: Forense, 2005, p. 433.

[172] Assis, Araken de. *Manual dos Recursos.* São Paulo: Revista dos Tribunais, 2007, p. 387. Araken assim exemplifica: "apelando o vencido do capítulo acessório da sucumbência, ao tribunal é vedado, peremptoriamente, rever o capítulo principal da sentença, porque no tocante a ele, ocorreu aquiescência tácita.", p. 387.

Mesmo que parcial, devolvem-se ao tribunal questões que ampliam sua cognição, não ofendendo o art. 515 do CPC. As questões de direito também, uma vez que o princípio *iura novit curia* se estende a todas as instâncias, podem, nos lindes da decisão, ser conhecidas.[173]

Bedaque aceita em sede recursal, pela sua profundidade, o reconhecimento das questões de ofício. Entretanto, nega de modo veemente, que os capítulos da sentença não atacados possam ser atingidos pela decisão superior. Exemplifica com o caso de sucumbência recíproca, em que somente o autor apela. Pretensa carência de ação, reconhecida no juízo *ad quem*, não atingiria capítulo da sentença favorável ao autor e não impugnado pelo réu. Justifica tal posição pelo princípio da demanda (a atividade jurisdicional só atua mediante provocação), pela coisa julgada material do capítulo não abrangido pelo recurso e pela proibição da *reformatio in pejus*. Fulcrado em tais premissas, assinala que "a parte não abrangida pela extensão do efeito devolutivo da apelação do autor, ausente recurso do réu, estaria imune ao julgamento realizado em 2° grau".[174]

Parece ser a melhor interpretação aquela que permite seja atingida a parte não recorrida, uma vez que o reconhecimento de questões, como, por exemplo, a carência de ação ou a incompetência absoluta tornam a nova decisão incompatível com o julgado anterior.

A apelação total abrange todas as questões pronunciadas na decisão recorrida. Atingido o plano do mérito, devolvem-se, totalmente, as questões do juízo anterior, e, no caso de apelação total, o seu objeto equivaler[175] ao conhecido pelo juízo de primeiro grau.

1.8.1.2. Efeito devolutivo no processo cumulado

Na concepção de Araken de Assis, a cumulação de pedidos pode ser simples, sucessiva ou eventual.[176] Configura-se aqui "a

---

[173] Assis, Araken de. *Manual dos Recursos*. São Paulo: Revista dos Tribunais, 2007, p. 387.

[174] Bedaque, José Roberto dos Santos. Apelação: Questões sobre admissibilidade e efeitos. In *Aspectos polêmicos e atuais dos recursos cíveis e de outros meios de impugnação às decisões judiciais*. Coordenação Nelson Nery Jr. e Teresa Arruda Alvim Wambier. São Paulo: Revista dos Tribunais, 2003. (Série aspectos polêmicos e atuais dos recursos; v. 7), p. 463-465.

[175] Assis, Araken de. *Manual dos Recursos*. São Paulo: Revista dos Tribunais, 2007, p. 399.

[176] A cumulação simples se caracteriza pela "aptidão de cada pedido para formar um objeto autônomo da relação processual"; na cumulação sucessiva "sobreleva o fato de o acolhimen-

transferência, ou não, ao conhecimento do tribunal, de pedidos formulados em razão da incidência do mesmo conjunto de fatos em duas ou mais regras jurídicas...".[177] Exemplificando, refere que

> no caso de cumulação simples, se a sentença acolher ambos os pedidos e o réu apelar da condenação na dívida proveniente do mútuo, ao tribunal se mostrará vedado absolvê-lo da dívida oriunda da locação, porque o próprio apelante, antecipadamente, restringiu o resultado mais vantajoso possível, interpondo apelação parcial; no cúmulo sucessivo, se o réu apelar somente da condenação em perdas e danos, subsistirá incólume a reintegração do autor na posse, imune a reexame no tribunal.

Na cumulação eventual o problema reside em saber se o tribunal pode, após prover apelação de sentença que acolheu o pedido anterior, passar à análise do pedido posterior. No sentir de Araken,[178] caberá ao tribunal completar o julgamento, acolhendo ou rejeitando o pedido posterior, pois, do contrário, decidirá *infra petita*.

1.8.1.3. Efeito devolutivo contra sentença terminativa

No que tange à ordem de apreciação das questões pelo juízo, parece tranquilo que, primeiramente, analise o respeito aos pressupostos processuais e às condições da ação para, posteriormente, analisar o mérito. O tribunal, salvo exceções, não pode adentrar no mérito, quando aprecia apelação de sentença terminativa.

Valorizando a "razoável duração do processo" sem prejuízo do duplo exame, foi criado o § 3º do art. 515 do CPC, prescrevendo que "nos casos de extinção do processo sem julgamento do mérito (art. 267), o tribunal pode julgar desde logo a lide, se a causa versar questão exclusivamente de direito e estiver em condições de imediato julgamento" e o § 4º do mesmo artigo ao permitir que "constatando a ocorrência de nulidade sanável, o tribunal poderá determinar a realização ou renovação do ato processual, intimadas as partes; cumprida a diligência, sempre que possível prosseguirá o julgamento da apelação.".

---

to do segundo pedido subordinar-se à procedência do primeiro"; e na cumulação eventual "o juiz só examinará o pedido posterior se desacolher o anterior". Assis, Araken de. *Manual dos Recursos*. São Paulo: Revista dos Tribunais, 2007, p. 389.

[177] Assis, Araken de. *Manual dos Recursos*. São Paulo: Revista dos Tribunais, 2007, p. 389.

[178] Idem, p. 393.

Mesmo não examinado o mérito em primeiro grau, permite-se que esta possibilidade ocorra por força da apelação, se presentes os requisitos. Determinou-se assim a ampliação *ex officio* da extensão do efeito devolutivo, pois, *v.g.*, o mérito não será impugnado quando houver sentença que extinga o processo por carência de ação,[179] mas será devolvido ao órgão *ad quem*.

Depende de pedido da parte, na concepção de Araken,[180] a concretização do § 3º retro, pois a extensão do efeito devolutivo se subordina ao princípio dispositivo.

Em sentido contrário, Bedaque afirma que deve o tribunal aplicar de ofício a regra do § 3º do art. 515 do CPC e o apelante não pode "sem razão plausível" impedir sua incidência. Ciente o apelante desta nova sistemática e querendo limitar o âmbito da devolutividade apenas à parte da pretensão de primeiro grau, "deverá fazê-lo expressamente".[181]

Mendes da Silva considera antinômicos o *caput* do artigo 515 e o seu § 3º, pois se a apelação devolve o "conhecimento da matéria impugnada", impossível se mostra a impugnação da questão meritória ausente em sentença, como determina o § 3º. E, não havendo devolução, há submetimento original da matéria ao tribunal que o aprecia como primeira instância. Não está o § 3º, na visão do autor, submetido às regras de devolutividade do *caput* e §§ 1º e 2º do art. 515 do CPC.[182]

---

[179] Bedaque, José Roberto dos Santos. Apelação: Questões sobre admissibilidade e efeitos. In *Aspectos polêmicos e atuais dos recursos cíveis e de outros meios de impugnação às decisões judiciais.* coordenação Nelson Nery Jr. e Teresa Arruda Alvim Wambier. São Paulo: Revista dos Tribunais, 2003. (Série aspectos polêmicos e atuais dos recursos; v. 7), p. 447-448.

[180] Assis, Araken de. *Manual dos Recursos*. São Paulo: Revista dos Tribunais, 2007, p. 396.

[181] Bedaque, José Roberto dos Santos. Apelação: Questões sobre admissibilidade e efeitos. In *Aspectos polêmicos e atuais dos recursos cíveis e de outros meios de impugnação às decisões judiciais.* Coordenação Nelson Nery Jr. e Teresa Arruda Alvim Wambier. São Paulo: Revista dos Tribunais, 2003. (Série aspectos polêmicos e atuais dos recursos; v. 7), p. 454. Contrapondo-se à necessidade de requerimento da parte, Mendes da Silva refere que o julgamento pelo tribunal é um dever, pois apesar do princípio da inércia, vige o princípio do impulso oficial pelo qual compete ao juiz impulsionar o processo até seu desfecho, e velar pela rápida solução do litígio (125, II). Tentativa de Sistematização do Efeito Devolutivo dos Recursos: Perspectiva de Interpretação Instrumental. *Revista IOB de Direito Civil e Processual Civil*. Porto Alegre: Síntese, v.8, n. 44, nov./dez., 2006, p. 124.

[182] Mendes da Silva, Marcio Henrique. Tentativa de Sistematização do Efeito Devolutivo dos Recursos: Perspectiva de Interpretação Instrumental. *Revista IOB de Direito Civil e Processual Civil*. Porto Alegre: Síntese, v. 8, n. 44, nov./dez., 2006, p.122.

1.8.1.4. Efeito devolutivo nas questões de ordem pública

Independem de apreciação do órgão *a quo* as questões de ordem pública,[183] como os pressupostos processuais e as condições da ação (267, § 3º), uma vez integrantes do efeito devolutivo. Tais questões podem ser analisadas *ex officio* pois a preclusão não atinge o órgão *ad quem*, além de, no caso, não implicar julgamento, *extra, ultra* ou *infra petita*.[184]

1.8.2. Profundidade do efeito devolutivo (dimensão vertical)

Todas as questões solucionadas ou não na sentença integram o efeito devolutivo, o que permite dizer que é ampla a devolução no plano vertical. Definida a matéria a ser devolvida na dimensão horizontal, o apelo remete ao tribunal o conhecimento de todas e quaisquer questões.[185]

Para Barbosa Moreira,[186] medir a profundidade do efeito devolutivo "é determinar *com que material* há de trabalhar o órgão *ad quem* para julgar.". Por isso assevera que

> a decisão apelada tem os seus *fundamentos*: o órgão de primeiro grau, para decidir, precisou naturalmente enfrentar e resolver questões, isto é, pontos duvidosos de fato e de direito, suscitados pelas partes ou apreciadas *ex officio*. Cumpre averiguar se todas essas questões, ou nem todas, devem ser reexaminadas pelo tribunal, para proceder, por sua vez, ao julgamento; ou ainda se, porventura hão de ser examinadas questões que o órgão *a quo*, embora pudesse ou devesse apreciar, de fato *não* apreciou. Focaliza-se aqui o problema em perspectiva *vertical*.

---

[183] Eduardo de Albuquerque Parente faz distinção entre as matérias de ordem pública de direito material e processual. "... as primeiras não prescindem da atividade da parte, principalmente no tocante ao conhecimento e julgamento recursais, ao contrário das últimas.". Os recursos e as matérias de ordem pública. In Aspectos *polêmicos e atuais dos recursos cíveis e de outros meios de impugnação às decisões judiciais*. Coordenação Nelson Nery Jr. e Teresa Arruda Alvim Wambier. São Paulo: Revista dos Tribunais, 2003. (Série aspectos polêmicos e atuais dos recursos; v. 7), p. 140.

[184] Assis, Araken de. *Manual dos Recursos*. São Paulo: Revista dos Tribunais, 2007, p. 398.

[185] Idem, p. 399.

[186] Barbosa Moreira, José Carlos. *Comentários ao Código de Processo Civil*. v. 5. 12. ed. Rio de Janeiro: Forense, 2005, p. 431.

1.8.2.1. Efeito devolutivo na cumulação de causas de pedir e fundamentos de defesa

Neste particular, salienta-se que "a apelação do vencido abrangerá as questões rejeitadas ou não resolvidas, devolvendo-as ao pleno conhecimento do órgão *ad quem*, sejam as causas de pedir expostas pelo autor, seja a matéria de defesa arguida pelo réu".[187] [188]

Se o autor pretende seja declarada nulidade de CDA (Certidão de Dívida Ativa), em razão de ter sido constituída irregularmente e por ser inconstitucional o tributo, sobrevindo acolhimento da pretensão pelo primeiro fundamento, o tribunal, pela apelação do réu, pode conhecer, acolhendo ou não, o segundo. Se o réu, no mérito, defender-se alegando nulidade da obrigação e pagamento, sendo este último reconhecido na sentença, nada impede seja o vício do ato reconhecido pelo tribunal após apelação do vencido, permanecendo sucumbente o autor, por fundamento diverso.[189]

Questão mais problemática existe, para Bedaque,[190] quanto à prescrição e decadência, por constituírem defesa de mérito. Para o autor, eventual apelação contra sentença que hostiliza o acolhimento daquelas nem sempre devolverá as demais questões apresentadas pelo réu, se em relação a estas forem necessárias provas ainda não realizadas. Rejeitadas decadência e prescrição, devem os autos retornar à origem para que todo o mérito seja debatido. Porém, se isso já se perfectibilizou e o processo estiver totalmente instruído, encontra-se devolvida a matéria de mérito, mesmo que não examinada pelo juízo *a quo*.

---

[187] Assis, Araken de. *Manual dos Recursos*. São Paulo: Revista dos Tribunais, 2007, p. 401. Adverte Bedaque "a devolutividade da apelação só abrange a causa de pedir deduzida na inicial, sendo inadmissível qualquer inovação". Apelação: Questões sobre admissibilidade e efeitos. In *Aspectos polêmicos e atuais dos recursos cíveis e de outros meios de impugnação às decisões judiciais*. Coordenação Nelson Nery Jr. e Teresa Arruda Alvim Wambier. São Paulo: Revista dos Tribunais, 2003. (Série aspectos polêmicos e atuais dos recursos; v. 7), p. 462.

[188] Assis, Araken de. *Efeito devolutivo da apelação*. Direito & Justiça (Faculdade de Direito da Pontifícia Universidade Católica do Rio Grande do Sul). Porto Alegre, RS – Brasil, 1979 – Semestral (a partir do volume 22, ano XXII – 2000), p. 72.

[189] Bedaque, José Roberto dos Santos. Apelação: Questões sobre admissibilidade e efeitos. In *Aspectos polêmicos e atuais dos recursos cíveis e de outros meios de impugnação às decisões judiciais*. Coordenação Nelson Nery Jr. e Teresa Arruda Alvim Wambier. São Paulo: Revista dos Tribunais, 2003. (Série aspectos polêmicos e atuais dos recursos; v. 7), p. 460.

[190] Idem, p. 461.

1.8.2.2. Efeito devolutivo da apelação quanto às questões da mesma classe

Interposta apelação contra sentença terminativa, aquela devolve ao tribunal todas as questões atinentes aos pressupostos processuais e condições da ação, dependendo do caso, e não apenas aquela que serviu de fundamento para a sentença.[191]

1.8.2.3. Efeito devolutivo da apelação quanto às questões anteriores à sentença

De acordo com Mendes da Silva, se o tribunal, impulsionado por apelação, encontrar omissões do juízo *a quo*, quanto a determinada questão permanecida em aberto, assume a competência para apreciá-la, decidindo-a antecedentemente à matéria versada na apelação.[192]

Para Araken, as questões prévias do art. 301 do CPC, se rejeitadas (interlocutórias), são passíveis de agravo, e se acolhidas (sentença), permitem apelação. Essas questões, sejam resolvidas ou não, por não estarem sujeitas à preclusão, podem ser revistas pelo tribunal. O art. 516 não se refere apenas às questões prévias (ordem pública) que deveriam ser examinadas e não foram pelo juízo de primeiro grau, mas a todas elas, ficando devolvidas pelo recurso de apelação.[193]

1.8.2.4. Efeito devolutivo da apelação em caso de revelia

O revel perde, na fase de conhecimento, a oportunidade de agregar ao debate uma série de questões. Se porventura, o revel avia apelação, o efeito devolutivo restringe-se às questões apreciadas pelo juiz na sentença e as conhecíveis de ofício pelo tribunal.

---

[191] Assis, Araken de. *Manual dos Recursos*. São Paulo: Revista dos Tribunais, 2007, p. 402.

[192] Mendes da Silva, Marcio Henrique. Tentativa de Sistematização do Efeito Devolutivo dos Recursos: Perspectiva de Interpretação Instrumental. *Revista IOB de Direito Civil e Processual Civil*. Porto Alegre: Síntese, v.8, n. 44, nov./dez., 2006, p. 111.

[193] Assis, Araken de. *Manual dos Recursos*. São Paulo: Revista dos Tribunais, 2007, p. 403. Em sentido um pouco diverso, Mendes da Silva refere que se trata de questões ou pontos processuais ou de mérito, sujeitos à preclusão e ainda não apreciados. Tentativa de Sistematização do Efeito Devolutivo dos Recursos: Perspectiva de Interpretação Instrumental. *Revista IOB de Direito Civil e Processual Civil*. Porto Alegre: Síntese, v.8, n. 44, nov./dez., 2006, p. 116.

Nesta senda, o tribunal pode acolher fundamento diverso da sentença (art. 515, § 2º) para prover o recurso do revel, além de conhecer questões de ofício (v.g. a prescrição, nulidade da citação, fato novo).[194]

Esta consolidada ideia, sob a ótica de Barioni, deve ser repensada para ampliar o espectro de atuação do revel em segundo grau. Aparenta ser "medida repressiva demasiadamente forte e desnecessária" embaraçar-se "de maneira letal a atuação do revel que procura comprovar a falsidade das alegações deduzidas pelo autor, ou demonstrar equívocos na decisão judicial. [...] ... a importante dualidade de julgamento propiciada pelo recurso de apelação deve ser aceita de forma ampla também ao revel, em prol de uma justiça mais segura e equilibrada".[195]

---

[194] Assis, Araken de. *Manual dos Recursos*. São Paulo: Revista dos Tribunais, 2007, p. 404-405. Essa limitação "desaparece no caso do art. 320, I: se um dos litisconsortes contestar a ação, a apelação devolverá ao conhecimento do tribunal todas as questões discutidas, quiçá com proveito reflexo para o revel", p. 405.

[195] Barioni, Rodrigo. A apelação do revel sob o prisma do efeito devolutivo. In *Aspectos polêmicos e atuais dos recursos cíveis e de outros meios de impugnação às decisões judiciais*. Coordenação Nelson Nery Jr. e Teresa Arruda Alvim Wambier. São Paulo: Revista dos Tribunais, 2003. (Série aspectos polêmicos e atuais dos recursos; v. 7), p. 684-685.

2. Duplo grau de jurisdição no âmbito constitucional brasileiro

2.1. INTERPRETAÇÃO CONSTITUCIONAL

Para uma melhor compreensão do tema e posteriores análises pontuais do sistema do duplo grau de jurisdição é necessário adentrar no texto constitucional para dele tentar extrair que comportamento deve ter o sistema recursal para que atenda aos seus mandamentos.

É digno de nota que é possível estabelecer *aprioristicamente* que o fato de não se haurir da Constituição, a presença expressa do duplo grau de jurisdição, não autoriza a concluir pela sua inexistência, uma vez que outras normas podem conservar tal instituto. Disso decorre a imperiosa necessidade de realizar-se uma atividade jurídica de interpretação[196] que atente para o sistema e que, consoante Sérgio Nojiri, consiste na "atribuição de significados a textos normativos", o que ressalta o aspecto regulador da Constituição.[197]

Conquanto isso seja verdadeiro, é correto também reconhecer que o sistema recursal acolhe amplamente o duplo grau de jurisdição. E mais, é da essência de nosso sistema a revisão das decisões. Salvo melhor juízo, essa assertiva é decorrente da exegese do texto constitucional que estabelece a forma de atuação de seu corpo normativo.

De relevo torna-se necessário concretizar os dispositivos constitucionais ao problema em tela, submetendo-os aos anseios pre-

---

[196] Branco, Gerson Luiz Carlos. *O duplo grau de jurisdição e sua perspectiva constitucional.* Processo e constituição. C. A. Alvaro de Oliveira (organizador)... [et al.]. – Rio de Janeiro: Forense, 2004, p. 191.

[197] Nojiri, Sérgio. *A Interpretação judicial do Direito.* São Paulo: Revista dos Tribunais, 2005, p. 169.

sentes no texto constitucional. Essa interpretação exige caráter axiológico respeitando-se os valores concretos que a Constituição pretende realizar. Neste sentido, a ausência de disposição expressa do duplo grau de jurisdição não é elemento a ser considerado quando se almeja identificar a sua presença nas demais normas constitucionais, haja vista existirem outros elementos que podem indicar a presença do princípio.[198]

Certo é, desse modo, que os princípios não se inscrevem de modo obrigatório no conjunto das leis escritas, mas, pela sua fundamentalidade ao exercício e proteção do direito, surgem também de modo implícito e, no conjunto com aqueles expressos, "formam a base da compreensão da ciência jurídica".[199]

Nosso plexo normativo revela um sistema jurídico de controle jurisdicional da legitimidade das leis que regem o processo civil. Esse controle tem como diretriz o respeito máximo à Constituição naquilo que ela disciplina como fundamentos e perspectivas a serem rigorosamente observados. E aqui uma correta interpretação é essencial.

Isso percebe-se, como perficientemente assinala Juarez Freitas, ao dizer que "é a interpretação sistemática, quando entendida em profundidade, o processo hermenêutico por excelência, de tal maneira que ou se compreendem os enunciados prescritivos no plexo dos demais enunciados, ou não se alcançará compreendê-los sem perdas substanciais. Nesta medida, mister afirmar, com os devidos temperamentos, que *a interpretação jurídica é sistemática ou não é interpretação*".[200] E prossegue dizendo que "o intérprete sistemá-

---

[198] Branco, Gerson Luiz Carlos. *O duplo grau de jurisdição e sua perspectiva constitucional*. Processo e constituição. C. A. Alvaro de Oliveira (organizador)... [et al.]. – Rio de Janeiro: Forense, 2004, p. 191.

[199] Barros, Wellington Pacheco; Barros, Wellington Gabriel Zuchetto Barros. *A Proporcionalidade como Princípio de Direito*. Porto Alegre: Livraria do Advogado, 2006, p. 15. No mesmo sentido Passos, Paulo Roberto. Algumas reflexões sobre o duplo grau de jurisdição. *Revista de Processo*, v. 69, São Paulo: RT, 1993, p. 155. Ver Perrini, Raquel Fernandes. Os princípios constitucionais implícitos. *Revista dos Tribunais*. v. 17, out-dez/1996; Delgado, José Augusto. Princípios processuais constitucionais. *Revista da Ajuris*. v. 39, Porto Alegre, mar/1987.

[200] Freitas, Juarez. *Interpretação Sistemática do Direito*. 4. ed. rev. e ampl. São Paulo: Malheiros. 2004, p. 72/74. O autor ainda afirma que "... neste contexto, importa compreender o Direito como totalidade vivificada na aludida interação circular e dialética com o intérprete. Mais do que a valorização deste ou daquele comando singularmente considerado, urge destacar a promoção da integralidade dos princípios, das regras e dos valores, na condição de solidários e entrelaçados", p. 74-75.

tico tem o dever de completar o trabalho do legislador, atento às exigências situadas além das abordagens lógicas estritas", uma vez que *"interpretar uma norma é interpretar o sistema inteiro, pois qualquer exegese comete, direta ou obliquamente, uma aplicação da totalidade do Direito para além de sua dimensão textual"*.[201]

Além disso, deve-se ter em mira a importância da interpretação teleológica. Quando se trata de norma jurídica, segundo Theodoro Júnior,[202] é necessário "procurar, no meio humano e social, a razão pela qual a lei foi editada, para diante dos interesses tutelados, compreender quais os fins ou objetivos que se pretendeu alcançar. É isto que a lógica do razoável realiza na tarefa interpretativa da norma jurídica".

2.2. PRINCÍPIOS JURÍDICOS

Até pouco tempo, a categoria de princípios constitucionais não era considerada um conjunto de normas programáticas com intenso caráter de imperatividade. Contemporaneamente se transformaram em normas de preponderante valor jurídico em relação às demais, com eficácia imediata e coercitiva para entes e pessoas.[203]

É comum verificarmos nas esferas doutrinária e jurisprudencial, a indicação, pelos juristas, de uma gama de princípios formadores do direito processual, que com maior ou menor força, colaboram na construção dos sistemas, estabelecendo suas características e tendências.[204]

Em aspectos conceituais, *princípio*, em latim *principium*, significa começo, início, origem de alguma coisa. Também carrega a acepção de lei, regra, preceito. No direito pode ser empregado para designar uma regra superior que guia todo um conjunto de regras.

---

[201] Freitas, Juarez. *Interpretação Sistemática do Direito*. 4. ed. rev. e ampl. São Paulo: Malheiros. 2004, p. 74-75/77.

[202] Theodoro Júnior, Humberto. Interpretação e aplicação das normas jurídicas. *Revista de Processo*, v. 150, São Paulo: RT, 2007, p. 19.

[203] Barros, Wellington Pacheco; Barros, Wellington Gabriel Zuchetto Barros. *A Proporcionalidade como Princípio de Direito*. Porto Alegre: Livraria do Advogado, 2006, p.19.

[204] Baptista da Silva, Ovídio Araújo. *Teoria Geral do Processo Civil*. 4. ed. rev. e atual. São Paulo: Revista dos Tribunais, 2006, p. 47.

Daí ser possível dizer que os princípios não se subsumem uns nos outros, somente se restringem.[205]

Reconhecendo os princípios[206] como normas elementares, eles traçam o conjunto de condutas a ser considerado nas operações jurídicas e significam para Wellington Pacheco Barros e Wellington Gabriel Zuchetto Barros "os pontos básicos que servem de ponto de partida ou de elementos vitais do próprio Direito. Indicam o alicerce do Direito".[207]

Na lição de Pazzaglini Filho,[208] os princípios constitucionais identificam-se como a essência e a identidade da Constituição e, na função de normas jurídicas primárias e nucleares, predefinindo, orientando e vinculando a formação, aplicação e interpretação das normas que integram a ordem jurídica.

Numa acepção abrangente, e considerando a importância dada aos princípios, estes são frequentemente definidos como "pautas que sintetizam certas noções ou valores basilares do sistema jurídico, conferindo-lhe unidade e coerência".[209] São os princípios, para Marcato,[210] levando em consideração os fins aqui propostos, "os pilares da ciência jurídica e do sistema processual", funcionando os mesmos, no conceito dado por Jônatas de Paula,[211] como "conhecimento primeiro e máximo de um determinado instituto processual,

---

[205] Barros, Wellington Pacheco; Barros, Wellington Gabriel Zuchetto Barros. *A Proporcionalidade como Princípio de Direito*. Porto Alegre: Livraria do Advogado, 2006, p.13.

[206] Em que pese a importância dos princípios, Tesheiner destaca que "uma verdadeira reforma da justiça e do processo é impossível porque os problemas que desafiam as soluções não decorrem só da organização judiciária e das leis processuais. Decorrem sobretudo dos princípios processuais que informam o processo, segundo as concepções dominantes". *Elementos para uma teoria geral do processo*. São Paulo: Saraiva, 1993, p. 61.

[207] Barros, Wellington Pacheco; Barros, Wellington Gabriel Zuchetto Barros. *A Proporcionalidade como Princípio de Direito*. Porto Alegre: Livraria do Advogado, 2006, p. 14.

[208] Pazzaglini Filho, Marino. *Princípios constitucionais reguladores da administração pública*: agentes públicos, discricionariedade administrativa, extensão da atuação do Ministério Público e controle do poder judiciário. São Paulo: Atlas, 2000, p. 11-12.

[209] Pereira, Jane Reis Gonçalves. *A Interpretação Constitucional e Direitos Fundamentais*: uma contribuição ao estudo das restrições aos direitos fundamentais na perspectiva da teoria dos princípios. Rio de Janeiro: Renovar, 2006, p. 91.

[210] Marcato, Ana Cândida Menezes. *O Princípio do Duplo Grau de Jurisdição e a Reforma do Código de Processo Civil*. São Paulo: Atlas, 2006, p. 6.

[211] Paula, Jônatas Luiz Moreira de. *Teoria Geral do Processo*. Barueri – São Paulo: Manole. 2002, p. 160.

existente e aplicável em todo o ramo processual, também servindo de fonte subsidiária."

Sem desconsiderar outras conceituações, não menos pertinentes, tomaremos como linha mestra o conceito de princípios dado por Juarez Freitas que os define como "os critérios ou as diretrizes basilares do sistema jurídico, que se traduzem como disposições hierarquicamente superiores, do ponto de vista axiológico, às normas estritas (regras) e aos próprios valores (mais genéricos e indeterminados), sendo linhas mestras de acordo com as quais guiar-se-á o intérprete quando se defrontar com as antinomias jurídicas".[212]

Identificar o significado da norma na realidade, outorga ao intérprete a possibilidade de "relacionar os princípios com uma outra dimensão de significado normativo, viabilizando uma compreensão crítica da norma em uma perspectiva concreta".[213]

Não carece de dúvidas a afirmação de que o processo (delineado por princípios próprios que o regem) serve aos direitos materiais e, estes, à coletividade. Para que o processo alcance seu desiderato, deve ser interpretado e aplicado a partir da Constituição, sendo essa a premissa inegável para a boa compreensão das normas processuais, irradiando-se, na sequência, para as normas infraconstitucionais. Demonstra-se assim que o direito é um sistema normativo composto por princípios e regras que interagindo e dialogando, entre si, e com os fatos, buscam cumprir sua finalidade.[214]

Essa deontologia tem provado destaque no âmbito recursal, decorrente da "jurisprudência dos princípios", atualmente em realce.

Apesar de tudo, impossível o consenso quando se trata de princípios, máxime pelas diferentes opções ideológicas de cada escritor.[215]

---

[212] Freitas, Juarez. *Interpretação Sistemática do Direito*. 4. ed. rev. e ampl. São Paulo: Malheiros. 2004, p. 56. Fundamental para o entendimento deste trabalho de que, segundo o autor, "[...] crê-se na possibilidade de melhor compreender a rede de princípios, regras e valores numa lógica que não é a do "tudo-ou-nada", mas que haverá de ser dialética sempre, no campo dos princípio e no plano das regras, não se constatando uma zona de vinculação pura sem espaço à ponderação ou à hierarquização axiológica." p. 58.

[213] Marinoni, Luiz Guilherme. *Teoria Geral do Processo*. São Paulo: Revista dos Tribunais, 2006, p. 49.

[214] Oliveira, Bruno de. Os princípios constitucionais, a instrumentalidade do processo e a técnica processual. *Revista de Processo*, v. 146, São Paulo: RT, 2007, p. 322-324.

[215] Assis, Araken de. *Manual dos Recursos*. São Paulo: Revista dos Tribunais, 2007, p. 67-68.

Os doutrinadores têm construído diversas classificações aos princípios no que tange às suas funções. O professor Albuquerque Rocha[216] identifica três funções a serviço do direito processual, a saber:

> a) *Função fundamentadora.* Os princípios, até por definição, constituem a raiz de onde deriva a validez intrínseca do conteúdo das normas jurídicas. Quando o legislador se apresta a normatizar a realidade social, o faz, sempre, consciente ou inconscientemente, a partir de algum princípio. Portanto, os princípios são *idéias básicas* que servem de *fundamento* ao direito positivo. Daí a importância de seu conhecimento para a interpretação do direito e elemento integrador das lacunas legais
> b) *Função orientadora da interpretação.* A função orientadora da interpretação desenvolvida pelos princípios decorre logicamente de sua função fundamentadora do direito. Realmente, se as leis são informadas ou *fundamentadas* nos princípios, então devem ser interpretadas de acordo com os mesmos, porque são eles que dão sentido às normas. Os princípios servem, pois, de guia e orientação na busca de sentido e alcance das normas.
> c) *Função de fonte subsidiária.* Nos casos de lacunas da lei os princípios atuam como elemento integrador do direito. A função de fonte subsidiária exercida pelos princípios não está em contradição com sua função fundamentadora. Ao contrário, é decorrência dela. De fato, a fonte formal do direito é a lei. Como, porém, a lei *funda-se* nos princípios, estes servem seja como guia para a compreensão de seu sentido (interpretação), seja como guia para o juiz suprir a lacuna da lei, isto é, como critério para o juiz formular a norma do caso concreto.

Os princípios, entretanto, não estão imunes a colisões entre si. Para melhor resolver esse problema, uma boa técnica é verificar, inicialmente, qual princípio possui maior peso ou importância, para, a partir daí, pelo princípio da proporcionalidade, diante do caso específico, concretizar com maior intensidade um deles, resultando ao outro a atenuação ou denegação.[217]

Com efeito, Scartezzini[218] leciona que os princípios, como normas jurídicas, são regras de estrutura, quando destinados ao legislador, pois estabelecem limites a serem respeitados e inserem valores

---

[216] Rocha, José de Albuquerque. *Teoria Geral do Processo.* 8. ed. São Paulo: Atlas, 2005, p. 42-43.

[217] Oliveira, Bruno de. Os princípios constitucionais, a instrumentalidade do processo e a técnica processual. *Revista de Processo*, v. 146, São Paulo: RT, 2007, p.325-330. No mesmo sentido Porto, Sérgio Gilberto; Ustárroz, Daniel. *Manual dos Recursos Cíveis*: atualizado com as reformas de 2006 e 2007. 2. ed. rev. e ampl. Porto Alegre: Livraria do Advogado Editora, 2008, p. 48.

[218] Scartezzini, Ana Maria Goffi. A Súmula Vinculante – O contraditório e a ampla defesa. *Revista de Processo*, v. 120, São Paulo: RT, 2005, p. 74.

a serem perseguidos; e são regras de comportamento, pois norteiam o intérprete da norma em sua aplicação.

2.3. PRINCÍPIOS E REGRAS

Todo o sistema jurídico abrange, na visão de Riccardo Guastini, dois tipos de normas, a saber, os princípios e as regras.[219] Considerando as discrepâncias e imprecisões na conceituação de princípios e regras, partimos da diretriz de que ambos é que estruturam e concretizam as normas de direito fundamental.

A diferença estabelecida por Porto e Ustárroz é de que os princípios são caracterizados "pelo alto grau de abstração de sua diretriz que exigirá do intérprete maior trabalho em sua concretização no caso concreto. [...] As regras, de seu turno, face à usual especificidade de seus termos, permitem aplicação direta no caso concreto. Sua origem remonta a princípios valorizados pelo ordenamento".[220]

Na conceituação de Guastini, regra é um "enunciado condicional que ligue uma consequência jurídica qualquer a uma classe de hipóteses: "Se F, então G." A consequência jurídica em questão pode ser uma sanção, a aquisição de um *status*, o nascimento de uma obrigação ou de um Direito, a validade ou a invalidade de um ato, etc.".[221] Princípio é conceituado como aquele caracterizado como norma fundamental que identifica o sistema jurídico do qual se trata, fundamenta ético-politicamente diversas outras normas do sistema e não exige fundamento, pois está concebido como "axioma", como uma norma justa ou correta; e caracterizado ainda como uma norma estruturalmente indeterminada, ou seja, é por um lado *defettibili*, por não estabelecer exaustivamente os fatos condicionantes e as exceções, e por outro é uma norma genérica, ou seja, um

---

[219] Guastini, Riccardo. Teoria e Ideologia da Interpretação Constitucional. Trad. Henrique Moreira Leites. *Revista Interesse Público* – Ano 8, n° 40, novembro/dezembro de 2006 – Porto Alegre: Notadez, p. 241-2.

[220] Porto, Sérgio Gilberto; Ustárroz, Daniel. *Manual dos Recursos Cíveis*: atualizado com as reformas de 2006 e 2007. 2. ed. rev. e ampl. Porto Alegre: Livraria do Advogado Editora, 2008, p. 48.

[221] Guastini, Riccardo. Teoria e Ideologia da Interpretação Constitucional. Trad. Henrique Moreira Leites. *Revista Interesse Público* – Ano 8, n° 40, novembro/dezembro de 2006 – Porto Alegre: Notadez, p. 242.

princípio, que exige a formulação de outras normas que a concretizem, mas que pode ser executada de modos alternativos.[222]

No intuito de distinguir princípios de regras, George Marlmelstein Lima[223] estabelece que

> as regras descrevem uma situação jurídica, ou melhor, vinculam fatos hipotéticos específicos, que, preenchidos os pressupostos por ela descritos, exigem, proíbem ou permitem algo em termos definitivos (direito definitivo), sem qualquer exceção. Os princípios, por sua vez, expressam um valor ou uma diretriz, sem descrever uma situação jurídica, nem se reportar a um fato particular, exigindo, porém, a realização de algo, da melhor maneira possível, observadas as possibilidades fáticas e jurídicas (reserva do possível). Possuem um maior grau de abstração e, portanto, irradiam-se por diferentes partes do sistema, informando a compreensão das regras, dando unidade e harmonia ao sistema normativo.

Ainda na busca daquele discrímen acima estabelecido, Alexy, que se debruçou sobre o assunto, afirma que

> el punto decisivo para la distinción entre reglas y *princípios* es que los princípios son normas que ordenan que algo sea realizado en la mayor medida posible, dentro de las posibilidades jurídicas y reales existentes. Por lo tanto, los princípios son *mandatos de optimización*, que están caracterizados por el hecho de que pueden ser cumpridos en diferente grado y que la medida debida de su cumplimiento no solo depende de las posibilidades reales sino también de las jurídicas. El ámbito de las posibilidades jurídicas es determinado por los princípios y reglas opuestos. En cambio, las *reglas* son normas que solo pueden ser cumplidas o no. Si una regla es válida, entonces de hacerse exactamente lo que ella exige, ni más ni menos. Por lo tanto, las reglas contienen *determinaciones* en el âmbito de lo fáctica y jurídicamente posible. Esto significa que la diferencia entre reglas y principios es cualitativa y no de grado. Toda norma es o bien una regla o un principio.[224]

Conceituando, Humberto Ávila[225] define as regras como

> normas imediatamente descritivas, primariamente retrospectivas e com pretensão de decibilidade e abrangência, para cuja aplicação se exige a avaliação da corres-

---

[222] Guastini, Riccardo. Teoria e Ideologia da Interpretação Constitucional. Trad. Henrique Moreira Leites. *Revista Interesse Público* – Ano 8, nº 40, novembro/dezembro de 2006 – Porto Alegre: Notadez, p. 242-3.

[223] Marlmelstein, George Lima. A força normativa dos princípios constitucionais. Disponível em http://www.mundojuridico.adv.br/sis_artigos/artigos.asp?codigo=42. Acesso em 21.07.2008.

[224] Alexy, Robert. *Teoria de los Derechos Fundamentales*. Madrid: Centro de Estudios Constitucionales, 1997, p. 86-87.

[225] Ávila, Humberto Bergmann. *Teoria dos Princípios: da definição à aplicação dos princípios jurídicos*. 2. ed. São Paulo: Malheiros, 2005, p. 70. (grifos no original)

pondência, sempre centrada na finalidade que lhes dá suporte ou nos princípios que lhes são axiologicamente sobrejacentes, entre a construção conceitual da descrição normativa e a construção conceitual dos fatos, e os princípios como normas imediatamente finalísticas, primariamente retrospectivas e com pretensão de complementaridade e de parcialidade, para cuja aplicação se demanda uma avaliação da correlação entre o estado de coisas a ser promovido e os efeitos decorrentes da conduta havida como necessária à sua promoção.

Wambier, Almeida e Talamini, ao estabelecerem as diferenças entre princípios e regras, dizem que aqueles têm âmbito de incidência ilimitado, enquanto essas contêm em si as hipóteses em que vão incidir. Quanto à aplicação, o princípio sempre envolve um antecedente juízo de valor, ou seja, ele não possui aplicação direta, objetiva. As regras, por sua vez, na sua grande maioria, se aplicam objetivamente aos fatos sem necessidade de prévia valoração,[226] pois não apresentam cunho "otimizador", mas natureza de "prescrição impositiva".[227] Tratamento diferenciado também se dá em caso de tensão entre princípios e entre regras, tema que será abordado mais adiante.

Os autores supra classificam os princípios processuais em duas categorias. A primeira contém os princípios informativos (lógico, jurídico, político e econômico),[228] e a segunda, os princípios fundamentais ou também chamados de gerais (devido processo legal, inafastabilidade, contraditório, dispositivo, impulso oficial, oralidade, publicidade, razoável duração do processo, fungibilidade, lealdade

---

[226] Wambier, Luiz Rodrigues; Almeida, Flávio Renato Correia de; Talamini, Eduardo. *Curso Avançado de Processo Civil.* v. 1: *Teoria geral do processo e processo de conhecimento.* 8. ed. rev., atual. e ampl. São Paulo: Revista dos Tribunais, 2006, p. 66.

[227] Silva Jr., Gervásio Lopes da. *Julgamento Direto do Mérito na Instância Recursal (art. 515, § 3º, CPC).* Salvador: JusPODIVM, 2007, p. 78.

[228] Pelo princípio *lógico*, as leis processuais "devem prever os meios que mais sejam capazes de permitir o descobrimento da verdade subjacente ao processo; o princípio *jurídico* "informa que tudo, em matéria de regramento de direito processual, deve ser feito de acordo com a lei"; pelo princípio *político* "a normatização processual num Estado de Direito, deve ser coerente com a concepção democrática com que se moldam as estruturas políticas; o princípio *econômico* deve "inspirar tanto o legislador processual quanto o operador do Direito (juiz, advogado, promotor) a obter o máximo rendimento com o mínimo de dispêndio", sendo o processo acessível a todos os que dele necessitem, p. 67. Wambier, Luiz Rodrigues; Almeida, Flávio Renato Correia de; Talamini, Eduardo. *Curso Avançado de Processo Civil.* v. 1: Teoria geral do processo e processo de conhecimento. 8. ed. rev., atual. e ampl. São Paulo: Revista dos Tribunais, 2006, p. 67. A mesma classificação é apresentada por Marcos Destefenni, *Curso de Processo Civil.* v.1 Processo de Conhecimento e Cumprimento de Sentença. São Paulo: Saraiva, 2006, p. 10-11.

e proporcionalidade). Outros princípios estão integrados aos acima, como é o caso da identidade física do juiz, imediatidade e concentração que se agregam ao princípio da oralidade.

Na esfera recursal, ambiente deste trabalho, os princípios inspiradores são, conforme Wambier, Almeida e Talamini,[229] o da correspondência, da taxatividade, da unicidade, da fungibilidade, da proibição da *reformatio in pejus* e do duplo grau de jurisdição.

2.4. DUPLO GRAU DE JURISDIÇÃO E O SEU HISTÓRICO CONSTITUCIONAL NO BRASIL

Far-se-á um histórico constitucional do duplo grau de jurisdição, privilegiando exclusivamente os aspectos que se encaixem no conceito de duplo grau estabelecido para o presente trabalho, isto é, referir-se-á ao histórico normativo concernente ao cabimento de recurso para atacar sentenças de primeiro grau, excluindo-se os recursos, cabíveis ou não, das decisões dos Tribunais quando julgarem causas em competência originária, salvo eventuais anotações consideradas relevantes.

Como dito no primeiro capítulo, a Constituição Imperial de 1824 foi a única a contemplar de modo expresso o princípio do duplo grau de jurisdição, possibilitando recursos ao Tribunal da Relação. Assim dispunha o art. 158:

> Art. 158. Para julgar as Causas em segunda, e última instância haverá nas Províncias do Império as Relações, que forem necessárias para a commodidade dos Povos.[230]

Por outro lado, havia também a prescrição legal do art. 160[231] estabelecendo que as partes, optando por árbitros nas causas cíveis e nas penais civilmente intentadas, poderiam dispensar a interposição de recursos, desde que dessa forma ajustado.

---

[229] Wambier, Luiz Rodrigues; Almeida, Flávio Renato Correia de; Talamini, Eduardo. *Curso Avançado de Processo Civil*. v. 1: Teoria geral do processo e processo de conhecimento. 8. ed. rev., atual. e ampl. São Paulo: Revista dos Tribunais, 2006, p. 519-524.

[230] Disponível em http://www.planalto.gov.br/ccivil_03/Constituicao/Constitui%C3%A7ao24.htm. Acessado em 15.10.2008.

[231] "Art. 160. Nas civeis, e nas penaes civilmente intentadas, poderão as Partes nomear Juizes Arbitros. Suas Sentenças serão executadas sem recurso, se assim o convencionarem as mesmas Partes.". Disponível em http://www.planalto.gov.br/ccivil_03/Constituicao/Constitui%C3%A7ao24.htm. Acessado em 15.10.2008.

O duplo grau de jurisdição, como constava, foi removido da Constituição Republicana dos Estados Unidos do Brasil de 1891, que assim previu no art. 61:

> Art. 61. As decisões dos Juízes ou Tribunais dos Estados nas matérias de sua competência porão termo aos processos e às questões, salvo quanto a: 1º) *habeas corpus*, ou 2º) espólio de estrangeiro, quando a espécie não estiver prevista em convenção, ou tratado. Em tais casos haverá recurso voluntário para o Supremo Tribunal Federal.[232]

Nesta Constituição, segundo Berni, diferentemente da Imperial, "o legislador constituinte republicano optou por fazer do recurso a exceção na esfera estadual, permitindo que ali os feitos fossem resolvidos.". Por conta do fato de que os Estados possuíam competência para legislar sobre normas processuais próprias, estes poderiam, inclusive, suprimir o duplo grau de jurisdição quando não proibido pela Constituição, concretizando-se um grau único, vez que a Carta dispunha que as decisões "porão termo aos processos".[233]

As Emendas Constitucionais de setembro de 1926 ampliaram as hipóteses de recurso extraordinário para o STF das decisões dos juízes estaduais como se verifica no § 1° do art. 60:

> Das sentenças das justiças dos Estados em última instância haverá recurso para o STF: a) quando se questionar sobre a vigência, ou a validade das leis federais em face da Constituição, e a decisão do Tribunal do Estado lhes negar aplicação; b) quando se contestar a validade de leis ou de atos dos Governos dos Estados em face da Constituição, ou das leis federais, e a decisão do Tribunal do Estado considerar válidos esses atos, ou essas leis impugnadas; c) quando dois ou mais Tribunais locais interpretarem de modo diferente a mesma lei federal, podendo o recurso ser também interposto por qualquer dos Tribunais referidos ou pelo Pro-

---

[232] Redação extraída de http://www.planalto.gov.br/ccivil_03/Constituicao/Constituicao91.htm Acessado em 15.10.2008.

[233] Berni, Duílio Landell de Moura. *O duplo grau de jurisdição como garantia constitucional. As garantias do cidadão no processo civil*: relação entre constituição e processo. Adriane Donadel ... [et. al]; org. Sérgio Gilberto Porto. Porto Alegre: Livraria do Advogado, 2003, p. 203. O autor assinala que "não obstante esta regra que poderia ser entendida como extremamente limitativa, os Estados, ao criarem suas legislações, inspiraram-se no Decreto nº 737, de 25 de novembro de 1850 (o chamado Regulamento 737), no qual era previsto o duplo grau de jurisdição. Este princípio se perfectibilizava com a existência dos recursos de apelação e agravo. Inclusive alguns Estados optaram por abrir mão de um Código de Processo Civil próprio e mantiveram em vigor o regramento.", p. 203.

curador-Geral da República; d) quando se tratar de questões de direito criminal ou civil internacional.[234]

Por outro lado, de acordo com Pivatto,[235] as crises políticas instauradas no início da década de 20 resultaram na revisão e regulamentação do estado de sítio, sendo inserida norma que não permitia recursos contra intervenções nos Estados e declaração de estado de sítio, conforme § 5º do art. 60, *in verbis*:

> Art. 60, § 5º. Nenhum recurso judiciário é permitido, para a justiça federal ou local, contra a intervenção nos Estados, a declaração do estado de sítio, e a verificação de poderes, o reconhecimento, a posse, a legitimidade e a perda de mandato dos membros do Poder Legislativo ou Executivo, federal ou estadual; assim como, na vigência do estado de sítio não poderão os tribunais conhecer dos atos praticados em virtude dele pelo Poder Legislativo ou Executivo.

A Constituição da República dos Estados Unidos do Brasil de 1934 manteve as justiças da União e dos Estados em nível de primeiro grau, mas delimitando sua atuação, conforme seu art. 70:

> Art. 70. A Justiça da União e a dos Estados não podem reciprocamente intervir em questões submetidas aos Tribunais e Juízes respectivos, nem lhes anular, alterar ou suspender as decisões, ou ordens, salvo os casos expressos na Constituição.[236]

Das decisões das justiças locais, caberia à Corte Suprema o recurso extraordinário, segundo mostra o art. 76, 2, III, daquela Constituição:

> Art. 76. A Corte Suprema compete: 2) julgar III – em recurso extraordinário, as causas decididas pelas Justiças locais em única ou última instância: a) quando a decisão for contra literal disposição de tratado ou lei federal, sobre cuja aplicação se haja questionado; b) quando se questionar sobre a vigência ou validade de lei federal em face da Constituição, e a decisão do Tribunal local negar aplicação à lei impugnada; c) quando se contestar a validade de lei ou ato dos Governos locais em face da Constituição, ou de lei federal, e a decisão do Tribunal local julgar válido o ato ou a lei impugnada; d) quando ocorrer diversidade de interpretação definitiva da lei federal entre Cortes de Apelação de Estados diferentes, inclusive do Distrito

---

[234] Disponível em http://www.ipedc.org.br/admin/osupremotribunalfederalcorteconstitucional.doc. Acessado em 20.10.2008.

[235] Pivatto, Priscila Maddalozzo. Discursos sobre o estado de sítio na primeira república brasileira: uma abordagem a partir das teorias de linguagem de Mikhail Bakhtin e Pierre Bourdieu. Disponível em http://www.maxwell.lambda.ele.puc-rio.br/cgi-bin/db2www/PRG_1188.D2W/INPUT?CdLinPrg=pt. Acessado em 20.10.2008.

[236] Disponível em http://www.planalto.gov.br/ccivil_03/Constituicao/Constituiçao34.htm Acessado em 20.10.2008.

Federal ou dos Territórios, ou entre um destes Tribunais e a Corte Suprema, ou outro Tribunal federal;

A Constituição da República dos Estados Unidos do Brasil de 1937 mantinha o duplo grau de jurisdição, enumerando como órgãos do Poder Judiciário os juízes e os Tribunais dos Estados no seu art. 90:

> Art. 90. São órgãos do Poder Judiciário: b) os Juízes e Tribunais dos Estados, do Distrito Federal e dos Territórios;[237]

Afastava, porém, pelo art. 109, do julgamento dos Tribunais dos Estados, as causas em que a União fosse interessada como autora ou ré, assistente ou oponente:

> Art. 109. Das sentenças proferidas pelos Juízes de primeira instância nas causas em que a União for interessada como autora ou ré, assistente ou oponente, haverá recurso diretamente para o Supremo Tribunal Federal.

A Constituição da República dos Estados Unidos do Brasil de 1946, que teve influência do pós-II Guerra Mundial e pós-ditadura do Estado Novo com efeitos na reconstitucionalização brasileira,[238] manteve a Justiça Estadual (art. 124), os respectivos Tribunais – com a possibilidade de criação de Tribunais de Alçada (art. 124, II) – e assim o duplo grau de jurisdição, fortalecido este com a criação do Tribunal Federal de Recursos no art. 104:

> Art. 104. Compete ao Tribunal Federal de Recursos: II – julgar em grau de recurso: a) as causas decididas em primeira instância, quando a União for interessada como autora, ré, assistente ou oponente, exceto as de falência; ou quando se tratar de crimes praticados em detrimento de bens, serviços ou interesses da União, ressalvada a competência da Justiça Eleitoral e a da Justiça Militar; b) as decisões de Juízes locais, denegatórias de *habeas corpus*, e as proferidas em mandados de segurança, se federal a autoridade apontada como coatora;

A Constituição da República Federativa do Brasil de 1967 acabou por sofrer influências do Ato Institucional nº 5, que com a permissão do Poder Executivo para legislar, com a cassação do

---

[237] Disponível em http://www.planalto.gov.br/ccivil_03/Constituicao/Constituiçao37.htm. Acessado em 20.10.2008

[238] Berni, Duílio Landell de Moura. *O duplo grau de jurisdição como garantia constitucional. As garantias do cidadão no processo civil*: relação entre constituição e processo. Adriane Donadel ... [et. al]; org. Sérgio Gilberto Porto. Porto Alegre: Livraria do Advogado, 2003, p. 206.

habeas corpus, dentre outras medidas, representou o autoritarismo da época.[239]

Referida Constituição retomou a Justiça Federal em seu primeiro grau, mantendo o TFR, que julgava, em segundo grau, as decisões dos juízes federais de primeira instância, que, com as Justiças Estaduais providas de respectivos Tribunais, permitiam o reconhecimento implícito do duplo grau de jurisdição. Aqui também se manteve a possibilidade de criação de Tribunal de Alçada (art. 136, § 1°, *a*).

A Emenda Constitucional n° 1, de 1969, preservou as Justiças Estadual e Federal e seus respectivos Tribunais, perfectibilizando, em ambas, o duplo grau de jurisdição.

Idêntica formatação se apresenta na Constituição da República Federativa do Brasil de 1988, com a manutenção da justiça de primeiro grau, e seus respectivos Tribunais, nos âmbitos Federal e Estadual, e que, apesar de não expresso o duplo grau de jurisdição, uma interpretação sistemática de outras normas constitucionais poderá inferir pela sua manutenção, como se demonstrará nos itens subsequentes.

2.5. CONSTRUÇÃO DO DUPLO GRAU DE JURISDIÇÃO NA CONSTITUIÇÃO DE 1988

Investigar-se-ão quais as normas constitucionais têm sido empregadas como fundamento para concluir-se que o duplo grau de jurisdição é fruto de interpretação da Carta Magna.

O sistema processual conduz o processo a respeitar as garantias, princípios e regras que acabam por estabelecer e ordenar o caminho a ser tomado. Por isso, o Estado deve prestar uma jurisdição que seja pautada pela busca da qualidade de seus resultados. Este dever é resultante dos próprios fins do Estado.

Nesta senda, a problemática central neste tópico gira em torno da tentativa de demonstrar as manifestações do duplo grau de jurisdição na Carta Magna.

---

[239] Berni, Duílio Landell de Moura. *O duplo grau de jurisdição como garantia constitucional. As garantias do cidadão no processo civil*: relação entre constituição e processo. Adriane Donadel ... [*et. al*]; org. Sérgio Gilberto Porto. Porto Alegre: Livraria do Advogado, 2003, p. 207.

Controvertida é a definição da natureza jurídica do duplo grau de jurisdição.[240] Esse é um tema em que, não raro, os doutrinadores têm apresentado as mais variadas concepções, inclusive estabelecendo confusões quanto aos próprios termos identificadores dos institutos processuais. É certo, contudo, que o duplo grau de jurisdição, apesar da polêmica, encontra-se amplamente consagrado na legislação ordinária.

Garantia, para os fins que aqui se buscam, é entendida por Comoglio, Ferri e Taruffo, como aquilo que exprime a diferença entre um direito meramente reconhecido ou atribuído *in abstrato* pela norma e um direito realmente protegido ou atuável em concreto.[241]

A doutrina que acolhe o princípio do duplo grau de jurisdição como uma garantia constitucional implícita – e não absoluta por poder apresentar exceções[242] – sustenta que mesmo que o legislador

---

[240] Berni questiona se ele deve ser visualizado como *princípio de direito processual* (teoria geral dos recursos); como *direito e/ou garantia fundamental*; ou como mero corolário de *escolha política* quanto à organização do Poder Judiciário. Entende, porém, possuir *natureza híbrida*, mais coadunada com nosso ordenamento jurídico constitucional e infraconstitucional. Berni, Duílio Landell de Moura. *O duplo grau de jurisdição como garantia constitucional. As garantias do cidadão no processo civil*: relação entre constituição e processo. Adriane Donadel ... [et. al]; org. Sérgio Gilberto Porto. Porto Alegre: Livraria do Advogado, 2003, p. 193.

[241] Comoglio, Luigi Paolo, Corrado Ferri e Michele Taruffo. Lezioni sul Processo Civile. Seconda edizione, Il Mulino, 1998, p. 55". "Sono «garanzie» in senso formale o statico tutti quei profili strutturali (fra cui, ad. es., si annoverano : la rigidità delle norme, le garanzie di legalità, le riserve di legge) che assicurano ai principi affermati stabilità e certezza, nei confronti di qualunque poter dello Stato; Sono «garanzie» in senso attuativo o dinâmico, d'altro canto, quegli strument specifici (fra i quali spicca, avviamente, il controllo giurisdizionale di costituzionalità delle leggi) che assicurano condizioni «effettive» di godimento ai diritti fondamentali «attribuiti» ovvero «riconosciuti» dalla Costituzione", p. 56.

[242] Wambier, Luiz Rodrigues; Almeida, Flávio Renato Correia de; Talamini, Eduardo. *Curso Avançado de Processo Civil*. v. 1: Teoria geral do processo e processo de conhecimento. 8. ed. rev., atual. e ampl. São Paulo: Revista dos Tribunais, 2006, p. 524. No mesmo sentido Destefenni, Marcos. *Curso de Processo Civil*. v.1 Processo de Conhecimento e Cumprimento de Sentença. São Paulo: Saraiva, 2006, p. 32; Greco, Leonardo. Garantias Fundamentais do Processo: O Processo Justo. *Revista Jurídica*. Ano 51, n° 305, março de 2003, p. 90; Sá, Djanira Maria Radamés de. *Duplo Grau de Jurisdição*: Conteúdo e Alcance Constitucional. São Paulo: Saraiva. 1999, p. 102; Alves, Francisco Glauber Pessoa. Inaplicabilidade do sistema do Código de Processo Civl aos juizados especiais cíveis estaduais e federais. In *Aspectos polêmicos e atuais dos recursos cíveis e de outros meios de impugnação às decisões judiciais*. coordenação Nelson Nery Jr. e Teresa Arruda Alvim Wambier. São Paulo: Revista dos Tribunais, 2003. (Série aspectos polêmicos e atuais dos recursos; v. 7), p. 263. Em sentido contrário Marcato, Ana Cândida Menezes. *O Princípio do Duplo Grau de Jurisdição e a Reforma do Código de Processo Civil*. São Paulo: Atlas, 2006, p. 30.

não haja estabelecido artigo próprio ao princípio processual, sinalizou para ele em diferentes regras constitucionais, interpretadas numa leitura hermenêutica sistemática,[243] e a existência de um conjunto de normas constitucionais materiais compensam a ausência expressa, na Constituição, do duplo grau de jurisdição.[244] Da mesma forma, eventuais restrições à aplicabilidade deste princípio, em prol da realização de outro, não lhe retira o *status* de constitucional.[245]

Bandeira de Melo[246] posiciona-se firmemente estabelecendo que "não haverá sentido nas promessas[247] constitucionais [...] caso não se reconheça o *status* de garantia constitucional a princípios que, pela sua natureza, exsurgem do texto constitucional imantados em tais promessas, como é o caso do princípio do duplo grau de jurisdição.". Por isso refere que não é legítima a postura legislativa que elimine os recursos ordinários do sistema processual, embora possam ser mitigados.

A proposição apresentada para fulcrar constitucionalmente o duplo grau de jurisdição principia na sustentação de que a garantia do devido processo legal está historicamente apta a demonstrar que

---

[243] Berni, Duílio Landell de Moura. *O duplo grau de jurisdição como garantia constitucional. As garantias do cidadão no processo civil*: relação entre constituição e processo. Adriane Donadel ... [et. al]; org. Sérgio Gilberto Porto. Porto Alegre: Livraria do Advogado, 2003, p. 193. "... o princípio do duplo grau de jurisdição não está explícito, nem claramente positivado com outras garantias processuais, a saber, a garantia da publicidade, do contraditório, do juiz natural, da motivação das decisões judiciais, entre outras." p. 192.

[244] Contrariamente, Amorim conclui que o alegado "princípio" não é ínsito ao sistema constitucional. Consigna que "a própria Constituição, como que confirmando sua inexistência, quanto às sentenças prolatadas no *primeiro grau* de jurisdição, previu uma única e isolada exceção: a do art. 105, II, alínea *c*. E quando o constituinte de segundo grau teve ampla oportunidade de consagrar expressamente o falacioso dogma – através da denominada Reforma do Judiciário, Emenda Constitucional nº 45, de 31 de dezembro de 2004 –, não o fez.". Amorim, Aderbal Torres de. *Recursos Cíveis Ordinários*. Porto Alegre: Livraria do Advogado. 2005, p. 37.

[245] Porto, Sérgio Gilberto; Ustárroz, Daniel. *Manual dos Recursos Cíveis*: atualizado com as reformas de 2006 e 2007. 2. ed. rev. e ampl. Porto Alegre: Livraria do Advogado, 2008, p. 52.

[246] Bandeira de Melo, Ricardo Procópio. Princípio do Duplo Grau de Jurisdição: Garantia Constitucional, extensão e algumas notas sobre o § 3º do art. 515 do CPC. In *Aspectos polêmicos e atuais dos recursos cíveis e de outros meios de impugnação às decisões judiciais*. coordenação Nelson Nery Jr. e Teresa Arruda Alvim Wambier. São Paulo: Revista dos Tribunais, 2005. (Série aspectos polêmicos e atuais dos recursos; v. 8), p. 670/677.

[247] O autor se refere à promessa de prestar a tutela jurisdicional formalizada no art. 5º, XXXV, da Constituição.

é da essência, do espírito, do sistema jurídico nacional, a revisão das decisões judiciais.

2.5.1. Devido processo legal e o duplo grau de jurisdição – art. 5°, LIV

A hoje conhecida disposição expressa do art. 5°, LIV, da CF, segundo a qual "ninguém será privado de sua liberdade ou de seus bens sem o devido processo legal", tem origem na Inglaterra com o *due process of law*, mas consolidou-se e, melhor estabeleceu seu conteúdo, nos Estados Unidos.

Ordenamento primeiro a consagrar tal garantia foi a *Magna Charta* de João Sem Terra, no ano de 1215, referindo-se à *law of the land*. A expressão *due process of law* imprimiu-se na lei inglesa de 1354, no reinado de Eduardo III, denominada *Statute of Westminster of the Liberties of London*. A *Magna Charta* foi um instrumento de deliberado reacionarismo, com o propósito de garantir proteção aos nobres contra os abusos da coroa inglesa, contendo institutos eficazes do ponto de vista jurídico.[248]

Tal instituto surgiu e edificou-se em sistemas da *Common Law*, marcado pela intensidade apresentada pelos precedentes, e transportado para sistemas da *Civil Law* como é o caso do Brasil.

Ajuste de cunho terminológico apresenta-se necessário, segundo Sérgio Porto, uma vez que a expressão *due process of law*, na sua tradução comumente utilizada, *devido processo legal*, não traduz na sua inteireza o conteúdo de tal garantia. Melhor se apresenta a locução *devido processo constitucional* ou *devido processo da ordem jurídica vigente*, que possui melhor competência para traduzir uma série de garantias constitucionais processuais expressas ou implícitas.[249]

O direito de tutela à vida, liberdade e propriedade no seu sentido mais amplo possível é o que caracteriza o devido processo legal nos países da *Common Law*. Com esse espírito, a locução foi inserida na CF de 1988, inspirada nas Emendas 5ª e 14ª à Constituição

---

[248] Nery Júnior, Nelson. Princípios *do Processo Civil na Constituição Federal*. 8. ed. rev., atual. e ampl. com as novas súmulas do STF e com análise sobre a relativização da coisa julgada. São Paulo: Revista dos Tribunais, 2004. (Coleção estudos de direito de processo Enrico Tullio Liebman; v. 21), p. 61-62.

[249] Porto, Sérgio Gilberto. *Aula de Processo Constitucional* do Mestrado em Direito na PUCRS em 12.07.2007.

dos Estados Unidos, e integra o universo formal da Constituição brasileira. Na dogmatização da doutrina na norma constitucional, mormente as programáticas e de eficácia contida ou restrita, por reclamarem regulamentação infraconstitucional, está a ineficácia de muitas normas constitucionais.[250]

Com o passar dos anos, o conceito de devido processo foi se ampliando na mesma medida em que foi encontrando, em cada nação, os seus ajustes característicos, dados os desideratos sociais estabelecidos. Deixar-se-á de lado neste trabalho a problemática acerca do *substantive due process*[251] e nos concentraremos no *procedural due process*, dado que no Brasil este tem sido o sentido[252] doado pela sua doutrina, que enfrenta uma árdua tarefa quando se propõe a tentar estabelecer o seu conteúdo.

Em sede de aspectos conceituais, utilizar-se-á, para os fins deste trabalho, o que Calmon de Passos[253] definiu como mínimo e imprescindível para configuração do devido processo legal. Sustenta o jurista que: trata-se de uma garantia vinculada a processo jurisdicional em que o juiz deve ter "imparcialidade e independência"; garante o "acesso ao julgador, como direito público subjetivo, a todo e qualquer sujeito submetido ao império de determinada ordem jurídica"; assegura às partes o contraditório; e exige "meios

---

[250] Nery Júnior, Nelson. *Princípios do Processo Civil na Constituição Federal*. 8. ed. rev., atual. e ampl. com as novas súmulas do STF e com análise sobre a relativização da coisa julgada. São Paulo: Revista dos Tribunais, 2004. (Coleção estudos de direito de processo Enrico Tullio Liebman; v. 21), p. 65.

[251] "A Doutrina do Devido Processo Substantivo afirma, em primeiríssimo lugar, que a cláusula do devido processo não apenas impõe a observância de procedimentos retos – garante direitos procedimentais básicos – mas que também exige que o poder se contenha diante de direitos subjetivos básicos substantivos, como os direitos de liberdade de expressão e de religião, por exemplo". Pereira, Sebastião Tavares. Devido processo substantivo. http://jusvi.com/artigos/29532/1 Acesso em 13.11.2008.

[252] Nos Estados Unidos, o alcance deste significado traduz-se principalmente em: "a) comunicação adequada sobre a recomendação ou base da ação governamental; b) um juiz imparcial; c) a oportunidade de deduzir defesa oral perante o juiz; d) a oportunidade de apresentar provas ao juiz; e) a chance de reperguntar às testemunhas e de contrariar provas que forem utilizadas contra o litigante; f) o direito de ter um defensor no processo perante o juiz ou tribunal; g) uma decisão fundamentada, com base no que consta dos autos.". Nery Júnior, Nelson. *Princípios do Processo Civil na Constituição Federal*. 8. ed. rev., atual. e ampl. com as novas súmulas do STF e com análise sobre a relativização da coisa julgada. São Paulo: Revista dos Tribunais, 2004. (Coleção estudos de direito de processo Enrico Túlio Liebman; v. 21), p. 65.

[253] Calmon de Passos, Joaquim José. O devido processo legal e o duplo grau de jurisdição. *Revista da Ajuris*, v. 25, Porto Alegre, 1982, p. 133-134.

de controle, sem o que ficarão desprovidas da segurança de que necessitam revestir."́.

Bastaria, na visão de Nelson Nery, a adoção do devido processo legal, para que dele decorressem "todas as consequências processuais que garantiriam aos litigantes, o direito a um processo e a uma sentença justa. É, por assim dizer, o gênero do qual todos os demais princípios constitucionais do processo são espécies".[254] Cabem, na qualidade de espécies os princípios da isonomia, do juiz e do promotor natural, da inafastabilidade do controle jurisdicional, do contraditório, da proibição da prova ilícita, da publicidade dos atos processuais, do duplo grau de jurisdição e da motivação das decisões judiciais. O sistema processual civil, incluso no grande sistema constitucional estabelecerá os lindes de aplicação de tal cláusula, que se consubstanciará na "possibilidade efetiva de a parte ter acesso à justiça, deduzindo pretensão e defendendo-se de modo mais amplo possível.".

Não é noutro sentido a posição de Berni, segundo o qual o princípio do devido processo legal é de grande abrangência e complexo, significando verdadeiro "bastião" na defesa de direitos e garantias fundamentais, e sua amplitude varia de acordo com a visão protetora do intérprete, que, se excessiva, entretanto, pode prejudicar a tempestiva tutela jurisdicional pretendida.[255]

O devido processo constitucional, assim denominado por Porto e Ustárroz "é a síntese das garantias constitucionais do processo" e atua desde o início do procedimento até a decisão, "impedindo o arbítrio estatal e a chancela de privilégios".[256]

O *devido processo legal*, como garantia constitucional, segundo Cruz e Tucci,[257] "deve ser uma realidade durante as múltiplas eta-

---

[254] Nery Júnior, Nelson. *Princípios do Processo Civil na Constituição Federal*. 8. ed. rev., atual. e ampl. com as novas súmulas do STF e com análise sobre a relativização da coisa julgada. São Paulo: Revista dos Tribunais, 2004. (Coleção estudos de direito de processo Enrico Tullio Liebman; v. 21), p. 60.

[255] Berni, Duílio Landell de Moura. *O duplo grau de jurisdição como garantia constitucional*. As garantias do cidadão no processo civil: relação entre constituição e processo. Adriane Donadel ... [et. al]; org. Sérgio Gilberto Porto. Porto Alegre: Livraria do Advogado, 2003, p. 210.

[256] Porto, Sérgio Gilberto; Ustárroz, Daniel. *Manual dos Recursos Cíveis*: atualizado com as reformas de 2006 e 2007. 2. ed. rev. e ampl. Porto Alegre: Livraria do Advogado, 2008, p. 38-39.

[257] Cruz e Tucci, José Rogério. *Duração razoável do processo (art. 5º, LXXVIII, da Constituição Federal)*. Processo Civl: novas tendências: estudos em homenagem ao Professor Humberto Theodoro Júnior. Belo Horizonte, Fel Rey, 2008, p. 451.

pas do processo judicial, de sorte que ninguém seja privado de seus direitos, a não ser que no procedimento em que este se materializa se constatem todas as formalidades e exigências em lei previstas.".

A doutrina, como visto, tem-se manifestado de modo a aceitar o duplo grau de jurisdição como garantia constitucional consectário do devido processo legal, nada obstante posicionamentos diversos.

Djanira de Sá defende tal posição. Da sua obra extraem-se os seguintes excertos:

> [...], esteja a cláusula expressamente prevista ou não, decorre ela direta e imediatamente do devido processo legal, sendo, inegavelmente, garantia constitucional que permite o acesso à decisão justa e, conseqüentemente, à ordem jurídica justa. [...] O duplo grau de jurisdição é garantia fundamental de boa justiça e essencial à organização judiciária, porque são maiores as probabilidades de atingimento do ideal de uma correta e eficaz distribuição da Justiça quando a causa é mais detidamente examinada.[258]

Clóvis Rodrigues[259] considera o duplo grau de jurisdição um direito fundamental, ao dizer que "as reformas devem ser realizadas sem ferir os direitos fundamentais do devido processo legal, contraditório, ampla defesa, bem como o direito ao duplo grau de jurisdição.".

De igual modo, Scarpinella Bueno[260] e Bandeira de Melo[261] consideram que o ordenamento jurídico constitucional – quando as-

---

[258] Sá, Djanira Maria Radamés de. *Duplo Grau de Jurisdição*: Conteúdo e Alcance Constitucional. Porto Alegre: Saraiva. 1999, p. 102/119. No mesmo sentido Covas, Silvânio. O duplo grau de jurisdição. In *Aspectos polêmicos e atuais dos recursos cíveis e de outros meios de impugnação às decisões judiciais*. coordenação Nelson Nery Jr. e Teresa Arruda Alvim Wambier. São Paulo: Revista dos Tribunais, 2000. (Série aspectos polêmicos e atuais dos recursos).

[259] Rodrigues, Clóvis Fedrizzi. Celeridade processual *Versus* Segurança jurídica. *Revista de Processo*, v. 120, São Paulo: RT, 2005, p. 298.

[260] Bueno, Cássio Scarpinella. Efeitos dos Recursos. In *Aspectos polêmicos e atuais dos recursos cíveis e de outros meios de impugnação às decisões judiciais*. coordenação Nelson Nery Jr. e Teresa Arruda Alvim Wambier. São Paulo: Revista dos Tribunais, 2006. (Série aspectos polêmicos e atuais dos recursos; v. 10), p. 82.

[261] Bandeira de Melo, Ricardo Procópio. *Princípio do Duplo Grau de Jurisdição*: Garantia Constitucional, extensão e algumas notas sobre o § 3º do art. 515 do CPC. In *Aspectos polêmicos e atuais dos recursos cíveis e de outros meios de impugnação às decisões judiciais*. coordenação Nelson Nery Jr. e Teresa Arruda Alvim Wambier. São Paulo: Revista dos Tribunais, 2005. (Série aspectos polêmicos e atuais dos recursos; v. 8), p. 671. No mesmo sentido, Nelson Luiz Pinto, a quem o princípio do duplo grau decorre da regra contida no art. 5º, LV, da CF. *Manual dos Recursos Cíveis*. São Paulo: Malheiros, 1999, p. 77.

segura "o contraditório e ampla defesa, com os meios e recursos a ela inerentes" (art. 5°, LV, CF) – agasalha, como ínsito ao postulado do devido processo legal, o princípio do duplo grau de jurisdição. A palavra "recursos" não tem o específico sentido do implemento material do duplo grau de jurisdição, mas está ali abrangido, pois exprime inconformismo e reflete característica peculiar à natureza humana.

Mesmo entendimento possui Paulo R. Passos,[262] segundo o qual há que se admitir que o *due process* não se restringe à solenidade das formas, mas objetiva garantir o não cerceamento dos direitos substanciais, protegendo-os de qualquer lesão. Fere-se o devido processo legal "ao não se permitir, pela inexistência do recurso próprio, que, aquele que teve a decisão de primeiro grau a desfavorecê-lo busque o segundo grau de jurisdição para rever aquela decisão obstaculizando-se a tutela dos direitos individuais e processuais.".

Albergado está na Constituição de 1988 o princípio do duplo grau de jurisdição mesmo com ausência explícita. Esse é o pensamento de Fábio Oliveira,[263] para quem, o princípio, consectário do controle dos atos estatais e do devido processo legal, possui índole constitucional frente à irrecorribilidade de algumas decisões dos Tribunais Superiores. Aquelas refletem opção do constituinte ao privilegiar situações que exigem uma determinação mais rápida de um índice de estabilidade da decisão judicial, harmonizando-se com a urgência maior da segurança jurídica que não se obteria com a recorribilidade infinita.

Da mesma forma ao que vem sendo dito, Marcato também justifica a presença constitucional do duplo grau de jurisdição sob a tese de que este tem liame de dependência e continência com o devido processo legal (expresso na Constituição – art. 5°, LIV),[264] uma vez que este dá o direito às partes de usufruírem de um processo justo, com oportunidades reais e igualitárias, num complexo de

---

[262] Passos, Paulo Roberto. Algumas reflexões sobre o duplo grau de jurisdição. *Revista de Processo*, v. 69, São Paulo: RT, 1993, p. 157.

[263] Oliveira, Fábio César dos Santos. O art. 515, § 3°, do CPC e o combate à dilação processual indevida. *Revista de Processo*, v. 115, São Paulo: RT, 2004, p. 142.

[264] "LIV – Ninguém será privado da liberdade ou de seus bens sem o devido processo legal;".

garantias relativas ao processo. Entretanto, não o considera como garantia.[265]

Neste mesmo sentido, reconhecendo a existência de ligação entre o devido processo legal e duplo grau de jurisdição, porém discordando quanto à relação de dependência ou continência obrigatória entre os mesmos, Laspro assevera possível ter-se um processo obediente ao devido processo legal sem que se imponha o duplo grau.[266] E afirma que "o duplo grau de jurisdição não pode ser considerado um regramento constitucional, não estando garantido a esse nível nem pela presença inafastável do devido processo legal, nem pela previsão dos recursos especial e extraordinário".[267]

Por seu turno e de modo não menos coerente e fundamentado, Estêvão Mallet estabelece que o duplo grau de jurisdição não decorre da garantia do devido processo legal, de modo que esteja impedido o legislador de limitá-lo. A própria Constituição prova isso no art. 102, I e III, ao prever recurso extraordinário contra decisão de última ou única instância. Na própria Corte norte-americana, em que basicamente se estabeleceu o devido processo legal, esse pensamento está consolidado.[268] O próprio Mallet, em outra obra,[269] refere que muitos conceitos fundamentais não estão definidos na própria Constituição. Exemplo é o próprio devido processo legal, pois "não se indica o que se entende por devido processo legal e nem por isso

---

[265] Marcato, Ana Cândida Menezes. *O Princípio do Duplo Grau de Jurisdição e a Reforma do Código de Processo Civil*. São Paulo: Atlas, 2006, p. 33.

[266] Laspro, Oreste Nestor de Souza. Garantia do Duplo Grau de Jurisdição. In *Garantias constitucionais do processo civil*. coordenador José Rogério Cruz e Tucci. 1. ed. 2. tir. São Paulo: Revista dos Tribunais, 1999, p. 197-199. Para o autor, "o devido processo legal é um verdadeiro direito a serviço do direito, na medida em que se constitui em um instrumento garantidor de direitos, pois, se impedido o exercício destes, permite o direito de ação ao juiz competente para torná-los efetivos.", p. 195.

[267] Laspro, Oreste Nestor de Souza. Garantia do Duplo Grau de Jurisdição. In *Garantias constitucionais do processo civil*. coordenador José Rogério Cruz e Tucci. 1. ed. 2. tir. São Paulo: Revista dos Tribunais, 1999, p. 206.

[268] Mallet, Estêvão. Reforma da sentença terminativa e julgamento imediato do mérito (Lei 10.352). In *Aspectos polêmicos e atuais dos recursos cíveis e de outros meios de impugnação às decisões judiciais*. coordenação Nelson Nery Jr. e Teresa Arruda Alvim Wambier. São Paulo: Revista dos Tribunais, 2003. (Série aspectos polêmicos e atuais dos recursos; v. 7), p. 183.

[269] Mallet, Estêvão. Apontamentos sobre a Competência da Justiça do Trabalho após a Emenda Constitucional n. 45. In *Nova Competência da Justiça do Trabalho*. São Paulo: LTr, 2005, p. 73-74.

qualquer processo, somente porque previsto em lei, satisfaz a exigência constitucional.".

Resta sensata, enfim, a lição de Calmon de Passos lecionando que, eliminar o controle da decisão, quando esta causa gravame objetivo,[270] é violar a garantia do devido processo legal, uma vez que "a decisão proferida com violência ao direito objetivo é decisão da qual nasce uma lesão nova ao direito subjetivo de alguém, lesão que não pode ser subtraída da apreciação do Poder Judiciário, nos precisos termos do mandamento constitucional".[271]

Em harmonia com a posição de Calmon de Passos, Berni[272] parte do entendimento de que o duplo grau de jurisdição realiza as funções de *reexame* e de *controle* das decisões e não é garantia constitucional absoluta. Sendo *limitável* essa garantia, operacionaliza o devido processo legal, mas dele não é elemento imprescindível, pois existem outros meios de reexame e controle garantidores da imparcialidade no devido processo legal.

2.5.2. Manifestações da existência do duplo grau de jurisdição na Constituição Federal

Se, pela amplidão do devido processo legal, torna-se impossível estabelecer seus limites – tarefa em certa medida inatingível – tornar-se-ia fácil acomodar no seu âmbito toda a quantidade de garantias do processo civil, dentre elas a do duplo grau de jurisdição. Entretanto, outras normas de cunho constitucional são lançadas para sustentar tal instituto.

---

[270] Quando a decisão resultou gravame objetivo, ela não foi dada de acordo com o direito aplicável. Quando a decisão resultar apenas gravame subjetivo, significa ter sido ela proferida segundo o direito, e o que há é uma mera insatisfação do vencido. Calmon de Passos, Joaquim José. O devido processo legal e o duplo grau de jurisdição. *Revista da Ajuris*, v. 25, Porto Alegre, 1982, p. 140-141.

[271] Calmon de Passos, Joaquim José. O devido processo legal e o duplo grau de jurisdição. Revista da Ajuris, v. 25, Porto Alegre, 1982, p. 143. Ver Calmon de Passos, Joaquim José. As *razões da crise de nosso sistema recursal. Meios de impugnação ao julgado civil*: estudos em homenagem a José Carlos Barbosa Moreira. Coordenador Adroaldo Furtado Fabrício; Paulo César Pinheiro Carneiro...[et al.]. Rio de Janeiro: Forense, 2007, p. 371.

[272] Berni, Duílio Landell de Moura. *O duplo grau de jurisdição como garantia constitucional. As garantias do cidadão no processo civil*: relação entre constituição e processo. Adriane Donadel ... [et. Al.]; org. Sérgio Gilberto Porto. Porto Alegre: Livraria do Advogado, 2003, p. 212.

2.5.2.1. Organização judiciária – art. 92

Argumento forte e comumente utilizado é o de que o duplo grau de jurisdição é consectário da organização judiciária, prevista no art. 92[273] da CF/1988, pois, ao definir como órgãos do Poder Judiciário, os juízes e Tribunais, garantiria implicitamente o duplo grau de jurisdição, mesmo que não de forma absoluta, uma vez que pela tradição judiciária brasileira, os Tribunais correspondem a órgãos de segundo grau, cuja função primordial é analisar recursos que hostilizem decisões de grau inferior. Há que se verificar, segundo Bandeira de Melo, que a competência dos Tribunais Superiores foi fixada por razões de ordem política, por isso foi objeto de atividade do constituinte. Não se explicaria que os recursos ordinários, caso da apelação, tivessem na Carta Magna o berço de sua regulação.[274]

É possível, sob esta ótica, segundo Berni, incluir o duplo grau de jurisdição como uma *garantia institucional*[275] do ordenamento jurídico brasileiro, pois é o Estado que o concebe e o torna possível através da organização hierárquica do Poder Judiciário, como um instituto jurisdicional sintonizado com outros direitos e garantias fundamentais. Neste sentido, "a positivação de um direito de recorrer a um grau superior de jurisdição deve ser interpretada como intenção do legislador (constitucional ou infraconstitucional) de

---

[273] "Art. 92. São órgãos do Poder Judiciário: I – o Supremo Tribunal Federal; I-A o Conselho Nacional de Justiça; II – o Superior Tribunal de Justiça; III – os Tribunais Regionais Federais e Juízes Federais; IV – os Tribunais e Juízes do Trabalho; V – os Tribunais e Juízes Eleitorais; VI – os Tribunais e Juízes Militares; VII – os Tribunais e Juízes dos Estados e do Distrito Federal e Territórios. § 1º O Supremo Tribunal Federal, o Conselho Nacional de Justiça e os Tribunais Superiores têm sede na Capital Federal. § 2º O Supremo Tribunal Federal e os Tribunais Superiores têm jurisdição em todo o território nacional".

[274] Bandeira de Melo, Ricardo Procópio. Princípio do Duplo Grau de Jurisdição: Garantia Constitucional, extensão e algumas notas sobre o § 3º do art. 515 do CPC. In *Aspectos polêmicos e atuais dos recursos cíveis e de outros meios de impugnação às decisões judiciais*. coordenação Nelson Nery Jr. e Teresa Arruda Alvim Wambier. São Paulo: Revista dos Tribunais, 2005. (Série aspectos polêmicos e atuais dos recursos; v. 8), p. 674/676.

[275] O autor se apoia no conceito de Pontes de Miranda para o qual as *garantias institucionais* "têm como objetivo a proteção de determinadas instituições estatais ou, até, supra-estatais. Elas são limitadas e o que se garante não é alguma coisa que preexiste ao Estado, mas alguma coisa como o Estado mesmo a concebe. (...) Se garante a permanência institucional, a despeito da mudança de regras jurídicas.". Pontes de Miranda, Francisco Cavalcanti. *Comentários à Constituição de 1967*, v. 4. São Paulo: RT, 1967, p. 634.

configurar o princípio do duplo grau de jurisdição como garantia".[276]

Ao estabelecer a organização do Poder Judiciário, o art. 92 da Constituição estruturou os seus órgãos, possibilitando o reexame de causas por intermédio de recursos.

Nesse contexto, pertinente arrolar exemplos como o do Tribunal Regional Federal, ao qual cabe "julgar em grau de recurso, as causas decididas pelos juízes federais e pelos juízes estaduais no exercício da competência federal da área de sua jurisdição" (art. 108, II),[277] merecendo dizer, segundo Berni,[278] que

> o princípio do duplo grau de jurisdição vale também para a Justiça Estadual, na medida em que o art. 125 da Constituição da República de 1988, ao tratar das Justiças Estaduais, impõe a observação dos princípios estabelecidos pela Lei Maior aos Estados-Membros na criação e organização de suas Justiças e que entender de maneira diversa a proposição retrocitada representaria ofensa ao princípio da isonomia também constitucionalmente assegurado.

---

[276] Berni, Duílio Landell de Moura. *O duplo grau de jurisdição como garantia constitucional. As garantias do cidadão no processo civil*: relação entre constituição e processo. Adriane Donadel ... [*et. al.*]; org. Sérgio Gilberto Porto. Porto Alegre: Livraria do Advogado, 2003, p. 192/196. No mesmo sentido Notariano Junior, Antonio de Pádua. O duplo grau e o § 3º do art. 515 do CPC, introduzido pela Lei 10.352/2001. *Revista de Processo*, v. 114, São Paulo, RT, 2004, p. 193.

[277] "Art. 108. Compete aos Tribunais Regionais Federais: II – julgar, em grau de recurso, as causas decididas pelos juízes federais e pelos juízes estaduais no exercício da competência federal da área de sua jurisdição".

[278] Berni, Duílio Landell de Moura. *O duplo grau de jurisdição como garantia constitucional. As garantias do cidadão no processo civil*: relação entre constituição e processo. Adriane Donadel ... [*et. al.*]; org. Sérgio Gilberto Porto. Porto Alegre: Livraria do Advogado, 2003, p. 219. No mesmo sentido, Calmon de Passos, em artigo escrito ainda sob a égide da Constituição anterior, e manifestando sobre o art. 122, III ("Art. 122. Compete ao Tribunal Federal de Recursos: III – julgar, em grau de recurso, as causas decididas pelos juízes federais."), adverte que é "impossível, portanto, pensar-se que a garantia do duplo grau, expressa e inequivocamente assegurada no âmbito da jurisdição federal, inexiste para a justiça comum, quando os litígios que em ambas têm curso só se diversificam subjetivamente. Essa igualdade substancial com diversidade subjetiva demonstra que o tratamento aparitário seria discriminatório, por conseguinte inconstitucional, importando violação do princípio do igual tratamento de todos pela lei, posto como garantia por nossa Carta Magna. Nem se pode argumentar originar-se da própria Constituição o tratamento diversificado. Se ela foi expressa quanto à Justiça Federal, não foi omissa quanto às demais jurisdições, viso como, para todas elas, previu e impôs uma jurisdição do segundo grau, implicitamente.". Calmon de Passos, Joaquim José. O devido processo legal e o duplo grau de jurisdição. *Revista da Ajuris*, v. 25, Porto Alegre, 1982, p. 137.

Há que se verificar, que "mesmo que se considerasse como mera escolha de política judiciária, sem maiores implicações subjacentes, o modo como se define o organograma do Poder Judiciário é sim pressuposto fundamental para a existência do princípio do duplo grau de jurisdição. Se não fosse prevista a duplicidade de graus, o duplo grau de jurisdição não se perfectibilizaria...".[279]

Neste viés, Berni[280] alerta que a duplicidade de graus também tem sido estabelecida pela Constituição quando dispõe sobre a forma de acesso dos magistrados aos Tribunais de segundo grau (art. 93, II);[281] e, ao estabelecer a existência de juízes de primeiro grau quando lhes confere uma série de garantias (art. 95, I),[282] o que, por via de consequência, traduz na existência de juízes de grau superior.

Outro exemplo a Constituição dá ao estabelecer competências recursais para o julgamento dos recursos Ordinário Constitucional, Especial e Extraordinário (arts. 102, II, III,[283] e 105, II e III[284]) ao STJ

---

[279] Berni, Duílio Landell de Moura. *O duplo grau de jurisdição como garantia constitucional. As garantias do cidadão no processo civil*: relação entre constituição e processo. Adriane Donadel ... [*et. al.*]; org. Sérgio Gilberto Porto. Porto Alegre: Livraria do Advogado, 2003, p. 214.

[280] Idem, p. 215.

[281] "Art. 93. Lei complementar, de iniciativa do Supremo Tribunal Federal, disporá sobre o Estatuto da Magistratura, observados os seguintes princípios: III o acesso aos tribunais de segundo grau far-se-á por antiguidade e merecimento, alternadamente, apurados na última ou única entrância;".

[282] "Art. 95. Os juízes gozam das seguintes garantias: I – vitaliciedade, que, no primeiro grau, só será adquirida após dois anos de exercício, dependendo a perda do cargo, nesse período, de deliberação do tribunal a que o juiz estiver vinculado, e, nos demais casos, de sentença judicial transitada em julgado;".

[283] "Art. 102. Compete ao Supremo Tribunal Federal, precipuamente, a guarda da Constituição, cabendo-lhe: II – julgar, em recurso ordinário: a) o 'hábeas corpus', o mandado de segurança, o 'habeas-data' e o mandado de injunção decididos em única instância pelos Tribunais Superiores, se denegatória a decisão; b) o crime político; III – julgar, mediante recurso extraordinário, as causas decididas em única ou última instância, quando a decisão recorrida: a) contrariar dispositivo desta Constituição; b) declarar a inconstitucionalidade de tratado ou lei federal; c) julgar válida lei ou ato de governo local contestado em face desta Constituição; d) julgar válida lei local contestada em face de lei federal". Para fundamentar a existência do princípio de forma implícita, Jônatas Luiz Moreira de Paula se apóia nos mesmos artigos. *Teoria Geral do Processo*. Barueri – SP: Manole. 2002, p. 171.

[284] "Art. 105. Compete ao Superior Tribunal de Justiça: II – julgar, em recurso ordinário: a) os 'habeas-corpus' decididos em única ou última instância pelos Tribunais Regionais Federais ou pelos tribunais dos Estados, do Distrito Federal e Territórios, quando a decisão for denegatória; b) os mandados de segurança decididos em única instância pelos Tribunais

e ao STF, dispondo sobre recursos aos Tribunais, consagrando[285] o princípio do duplo grau de jurisdição. Aliado a isso, apoia-se Marcato,[286] na jurisprudência[287] do Superior Tribunal de Justiça que aponta o duplo grau como princípio[288] constitucional.

Essa escolha ocorre, segundo Berni, "na medida em que é permitido o reexame das decisões dos Tribunais Superiores, dos Tribunais Regionais Federais e dos Tribunais dos Estados e do Distrito Federal – com ampla cognição, sobre matéria de fato e de direito – por órgão de grau superior, que será livre para mantê-las ou modificá-las".[289]

A previsão do recurso ordinário constitucional é, segundo Arruda Alvim, "precisamente, a confirmação explícita e inequívoca do acolhimento do duplo grau pelo legislador de 1988, *como regra geral*".[290] No Brasil, o duplo grau de jurisdição apresenta previsão

---

Regionais Federais ou pelos tribunais dos Estados, do Distrito Federal e Territórios, quando denegatória a decisão; c) as causas em que forem partes Estado estrangeiro ou organismo internacional, de um lado, e, do outro, Município ou pessoa residente ou domiciliada no País; III – julgar, em recurso especial, as causas decididas, em única ou última instância, pelos Tribunais Regionais Federais ou pelos tribunais dos Estados, do Distrito Federal e Territórios, quando a decisão recorrida: a) contrariar tratado ou lei federal, ou negar-lhes vigência; b) julgar válido ato de governo local contestado em face de lei federal; c) der a lei federal interpretação divergente da que lhe haja atribuído outro tribunal".

[285] No mesmo sentido, Berni, Duílio Landell de Moura. *O duplo grau de jurisdição como garantia constitucional*. As garantias do cidadão no processo civil: relação entre constituição e processo. Adriane Donadel ... [*et. al.*]; org. Sérgio Gilberto Porto. Porto Alegre: Livraria do Advogado, 2003, p. 216.

[286] Marcato, Ana Cândida Menezes. *O Princípio do Duplo Grau de Jurisdição e a Reforma do Código de Processo Civil*. São Paulo: Atlas, 2006, p. 27-28.

[287] Arestos apresentados pela autora: REsp 258174/RJ, Rel. Min Sálvio de Figueiredo Teixeira, 4ª Turma, j. 15.8.2000, DJ 25.9.2000, p.110; AgRg no Resp 650217/RJ, Rel. Min. Francisco Falcão, 1ª Turma, j. 5.4.2005, DJ 16.5.2005, p. 249.

[288] Interessante destacar a posição de Rui Portanova, que retira o princípio do duplo grau como um dos princípios da jurisdição, ligando-o ao processo e ao procedimento, de modo a ser pertinente à matéria de recursos. Estaria o duplo grau subsumido no princípio da recursividade por consagrar este "toda sorte de inconformismos de decisões contrárias", cabendo àquele a preocupação quanto ao destinatário do recurso, se o próprio julgador ou outro órgão superior. *Princípios do Processo Civil*. 5. ed. Porto Alegre. Livraria do Advogado, 2003, p. 103-104.

[289] Berni, Duílio Landell de Moura. *O duplo grau de jurisdição como garantia constitucional*. As garantias do cidadão no processo civil: relação entre constituição e processo. Adriane Donadel ... [*et. al.*]; org. Sérgio Gilberto Porto. Porto Alegre: Livraria do Advogado, 2003, p. 216-217.

[290] Alvim, Arruda. *Manual de Direito Processual Civil*, v. 1: parte geral. 10. ed. rev. atual. e ampl. São Paulo: Revista dos Tribunais, 2006, p. 227.

constitucional,[291] consigna Araken de Assis, não advindo do acaso a previsão do art. 102, II,[292] atribuindo competência ao STF, para, via recurso ordinário, julgar específicas demandas.

A doutrina diverge neste ponto e contrariando Marcato, Laspro refere que, quanto aos recursos Especial e Extraordinário, o assunto ganha outra dimensão, pois estes restringem-se a matérias de direito federal e constitucional, respectivamente. Servem para uniformizar o entendimento da legislação comum constitucional, estando impedidos de discutir matéria fática.[293] Por força dessas restrições, ambos não garantem o duplo grau de jurisdição. Porém, quanto ao recurso ordinário, o autor vê como o único caso em que o duplo grau é elevado ao plano constitucional, uma vez que devolve ao STF e STJ "toda a matéria impugnada e discutida em primeiro grau, de fato e de direito, fazendo com que tenhamos duas decisões completas e válidas, sendo certo que a segunda decisão substitui a primeira".[294]

Por conta dessa dimensão restrita, os recursos especial e extraordinário, por não serem de cognição ampla, não realizariam o duplo grau de jurisdição.[295] Para Marinoni e Arenhart, a previsão do recurso especial (105, III CF)[296] não significa nem garante recurso a

---

[291] Assis, Araken de. *Manual dos Recursos*. São Paulo: Revista dos Tribunais, 2007, p.72-73.

[292] "Art. 102. Compete ao Supremo Tribunal Federal, precipuamente, a guarda da Constituição, cabendo-lhe: II – julgar em recurso ordinário:".

[293] No mesmo sentido, Berni, Duílio Landell de Moura. *O duplo grau de jurisdição como garantia constitucional. As garantias do cidadão no processo civil*: relação entre constituição e processo. Adriane Donadel ... [et. al.]; org. Sérgio Gilberto Porto. Porto Alegre: Livraria do Advogado, 2003, p. 217.

[294] Laspro, Oreste Nestor de Souza. Garantia do Duplo Grau de Jurisdição. In *Garantias constitucionais do processo civil*. coordenador José Rogério Cruz e Tucci. 1. ed. 2. tir. São Paulo: Revista dos Tribunais, 1999, p. 201-203. De acordo com o autor, por tratar-se de um recurso de abrangência limitada, não se pode concluir que essa garantia se estenda a todo o sistema. Ainda, não fosse previsão constitucional, desrespeitaria o princípio da igualdade ao prever tal recurso apenas nos casos de denegação do pedido, p. 203.

[295] Berni, Duílio Landell de Moura. *O duplo grau de jurisdição como garantia constitucional. As garantias do cidadão no processo civil*: relação entre constituição e processo. Adriane Donadel ... [et. al.]; org. Sérgio Gilberto Porto. Porto Alegre: Livraria do Advogado, 2003, p. 217.

[296] "Art. 105. Compete ao Superior Tribunal de Justiça: III – julgar, em recurso especial, as causas decididas, em única ou última instância, pelos Tribunais Regionais Federais ou pelos tribunais dos Estados, do Distrito Federal e Territórios, quando a decisão recorrida:".

todos os pronunciamentos proferidos pelo juiz de primeiro grau, ou seja, não garante o duplo grau.[297]

A teoria de que, pela previsão do recurso especial e extraordinário está assegurada a inafastabilidade do direito de apelar – e por isso o legislador não poderia limitar o acesso aos Tribunais Estaduais, do Distrito Federal e dos Tribunais Regionais Federais – averba Laspro, perde muito sua importância, uma vez garantido o direito ao recurso extraordinário de qualquer decisão quando não haja outro recurso previsto.[298]

É firme a posição de Bandeira de Melo[299] ao pretender mostrar que

> o reconhecimento do princípio do duplo grau como garantia constitucional não tem, necessariamente, ligação direta e inseparável com a previsão constitucional de recurso ordinário para os Tribunais Superiores, pois a fixação de tal competência poderia ter sido cometida pelo constituinte, ainda que implicitamente, à função legislativa, sem afetar a natureza do princípio do duplo grau de jurisdição que [...] tem *status* de garantia constitucional. [...] Ademais, a fixação expressa na Constituição de competência para os tribunais em diversos graus, ou seja, em primeiro grau (competência originária), em segundo (recursos ordinários – arts. 102, II, 105, II, por exemplo) etc., indiscutivelmente configura penhor da real inserção do princípio do duplo grau no texto mesmo da Constituição Federal.

O constituinte mostra que não foi explícito onde não precisava, pois foi o princípio abraçado pela Constituição que, quando necessário, o contemplou expressamente, como no do art. 125, § 3º.[300]

---

[297] Marinoni, Luiz Guilherme; Arenhart, Sérgio Cruz. *Manual do Processo de Conhecimento*. 4. ed. rev. atual. e ampl. São Paulo: Revista dos Tribunais, 2005, p. 501.

[298] Laspro, Oreste Nestor de Souza. Garantia do Duplo Grau de Jurisdição. In *Garantias constitucionais do processo civil*. coordenador José Rogério Cruz e Tucci. 1. ed. 2. tir. São Paulo: Revista dos Tribunais, 1999, p. 204. Assim, sempre estaria garantido o acesso ao STF.

[299] Bandeira de Melo, Ricardo Procópio. Princípio do Duplo Grau de Jurisdição: Garantia Constitucional, extensão e algumas notas sobre o § 3º do art. 515 do CPC. In *Aspectos polêmicos e atuais dos recursos cíveis e de outros meios de impugnação às decisões judiciais*. coordenação Nelson Nery Jr. e Teresa Arruda Alvim Wambier. São Paulo: Revista dos Tribunais, 2005. (Série aspectos polêmicos e atuais dos recursos; v. 8), p. 676.

[300] "Art. 125. Os Estados organizarão sua Justiça, observados os princípios estabelecidos nesta Constituição. § 3º A lei estadual poderá criar, mediante proposta do Tribunal de Justiça, a Justiça Militar estadual, constituída, em primeiro grau, pelos juízes de direito e pelos Conselhos de Justiça e, em segundo grau, pelo próprio Tribunal de Justiça, ou por Tribunal de Justiça Militar nos Estados em que o efetivo militar seja superior a vinte mil integrantes.".

2.5.2.2. Contraditório e ampla defesa – art. 5°, LV

A Constituição prescreve que "aos litigantes, em processo judicial ou administrativo, e aos acusados em geral são assegurados o contraditório e a ampla defesa, com os meios e recursos a ela inerentes.".

O princípio do duplo grau de jurisdição está, na visão de Wambier, Almeida e Talamini,[301] visceralmente ligado e é consectário do princípio do contraditório e ampla defesa, garantindo a possível reação contra julgados desfavoráveis, evitando a falta de controle das decisões judiciais, pela parte, ao aviar o recurso, e pelo Poder Judiciário, ao provê-lo ou não. O contraditório, para Cintra, Grinover e Dinamarco,[302] é inerente mesmo à própria noção de processo.

O contraditório, segundo Nunes, não pode mais ser visto como mera garantia formal de bilateralidade da audiência, circunscrevendo-se no dizer e contradizer formal entre as partes, mas deve contribuir substancialmente para a fundamentação do provimento que deve ser racional e que não resulte em surpresas. O contraditório influenciaria as partes e o juiz (na formação do provimento), quando existente no seu plano substancial, implementado de forma "antecipada (debate anterior à decisão) ou sucessiva (imprópria)". Dado o esvaziamento do contraditório antecipado e o paulatino aumento dos poderes do juiz, o que se deve assegurar é o contraditório (e a ampla defesa) sucessivo (*direito constitucional ao recurso*) mediante o sistema recursal.[303]

Quanto à ampla defesa, na concepção de Sarlet,[304] esta poderia isoladamente (quanto mais em conjunto com o inc. XXXV):

---

[301] Wambier, Luiz Rodrigues; Almeida, Flávio Renato Correia de; Talamini, Eduardo. *Curso Avançado de Processo Civil*. v. 1: Teoria geral do processo e processo de conhecimento. 8. ed. rev., atual. e ampl. São Paulo: Revista dos Tribunais, 2006, p. 69.

[302] Cintra, Antonio Carlos de Araújo; Grinover, Ada Pellegrini; Dinamarco, Cândido Rangel. *Teoria Geral do Processo*. 14. ed. rev. e atual. São Paulo: Malheiros Editores. 1998, p. 55.

[303] Nunes, Dierle José Coelho. Comentários acerca da súmula impeditiva de recursos (Lei 11.276/2006) e do julgamento liminar de ações repetitivas (Lei 11.277/2006) – Do duplo grau de jurisdição e do direito constitucional ao recurso (contraditório sucessivo). *Revista de Processo*, v. 137, São Paulo, R, 2006, p. 176-178.

[304] Sarlet, Ingo Wolfgang. Valor de alçada e limitação do acesso ao duplo grau de jurisdição: problematização em nível constitucional, à luz de um conceito material de direitos fundamentais. *Revista da Ajuris*, v. 66, Porto Alegre, 1996, p. 118.

abarcar a garantia da possibilidade (ao menos como regra geral) de acesso a uma segunda instância. [...] ... há como sustentar o entendimento de que a possibilidade de se ter reexaminada uma decisão parcial ou totalmente desfavorável harmoniza-se com as exigências do princípio da ampla defesa, bem como a eficácia (no sentido de maior certeza, confiabilidade e segurança) dos julgamentos e também do acesso à Justiça.

A ampla defesa, para Destefenni,[305] é ideia aplicável aos litigantes judiciais, referindo-se diretamente à possibilidade de utilização de meios e recursos (ações, impugnações, manifestações, etc.) cabíveis.

2.5.2.3. Direito de Ação – art. 5º, XXXV

Doutrina Sarlet[306] que "uma outra alternativa que se apresenta é a de considerar o direito ao duplo grau de jurisdição abrangido pelo âmbito de proteção do art. 5º, XXXV[307] da CF, que garante a revisão pela Justiça dos atos de particulares e dos agentes públicos", pois "na medida em que a lesão ou ameaça ao direito pode vir de ato do próprio Judiciário, tal garantia constitucional fundamental correria o risco de se tornar inoperante, caso não se viabilizasse de alguma forma a sua revisão".

No mesmo sentido, Porto e Ustárroz asseguram que "não é qualquer justiça que deve ser oferecida, mas sim uma resposta consoante os fatos ocorridos e o direito aplicável à espécie, daí a exigência de meios de correção dos provimentos.". Assim, o duplo grau conecta-se ao direito de ação e ao devido processo constitucional. Por conta disso, no sentir de Porto e Ustárroz, para os processos mais singelos, é possível a exclusão do duplo grau para que sejam resolvidos mais rapidamente e com maior economia, realizando-se o devido processo constitucional, e, nos processos que interfiram mais agudamente na vida das pessoas, exige-se um controle mais

---

[305] Destefenni, Marcos. *Curso de Processo Civil*. v.1. Processo de Conhecimento e Cumprimento de Sentença. São Paulo: Saraiva, 2006, p. 20.

[306] Sarlet, Ingo Wolfgang. Valor de alçada e limitação do acesso ao duplo grau de jurisdição: problematização em nível constitucional, à luz de um conceito material de direitos fundamentais. *Revista da Ajuris*, v. 66, Porto Alegre, 1996, p. 118.

[307] "XXXV – a lei não excluirá da apreciação do Poder Judiciário lesão ou ameaça a direito;"

sólido, alcançando-se o devido processo pela garantia do duplo grau de jurisdição.[308]

Na defesa da importância do princípio do duplo grau, Bandeira de Melo[309] sustenta que os agentes do Estado não logram, por conta unicamente da investidura e exercício de suas funções, o selo da infalibilidade, o que permite dizer que o princípio do duplo grau de jurisdição tem, para esta, o mesmo relevo que o princípio do juiz natural, da imparcialidade ou qualquer outro princípio do processo. Se assim não for, a lógica do sistema não terá significado pleno, uma vez que deve estar calcada nas promessas assumidas na Lei Maior e informada pelos objetivos do processo, principalmente o social, que é o da pacificação. A promessa é a de prestar a tutela jurisdicional como se obrigou pelo art. 5º, XXXV. Assim, o duplo grau de jurisdição encontra-se abrangido pela promessa de acesso à justiça.

Alia-se a este paradigma o professor Albuquerque Rocha,[310] para quem, denominando o duplo grau de jurisdição como "direito ao recurso", está expressamente garantido na Constituição pelo direito fundamental à tutela jurisdicional efetiva, no art. 5º, XXXV, e de modo implícito por força da estrutura do Judiciário, pela forma como seus órgãos estão distribuídos. O autor aceita a limitação do acesso aos recursos quando houver tensão[311] com outros direitos constitucionais, respeitando-se sempre o princípio da proporcionalidade.

---

[308] Porto, Sérgio Gilberto; Ustárroz, Daniel. *Manual dos Recursos Cíveis*: atualizado com as reformas de 2006 e 2007. 2. ed. rev. e ampl. Porto Alegre: Livraria do Advogado Editora, 2008, p. 39/52.

[309] Bandeira de Melo, Ricardo Procópio. *Princípio do Duplo Grau de Jurisdição*: Garantia Constitucional, extensão e algumas notas sobre o § 3º do art. 515 do CPC. In Aspectos polêmicos e atuais dos recursos cíveis e de outros meios de impugnação às decisões judiciais. coordenação Nelson Nery Jr. e Teresa Arruda Alvim Wambier. São Paulo: Revista dos Tribunais, 2005. (Série aspectos polêmicos e atuais dos recursos; v. 8), p. 669.

[310] Rocha, José de Albuquerque. *Teoria Geral do Processo*. 8. ed. São Paulo: Atlas, 2005, p. 42-43 e 266.

[311] Nesta senda, Ana Cândido Menezes Marcato assevera que "num conflito entre o princípio do duplo grau de jurisdição e a celeridade – agora alçada a princípio de destaque constitucional – prevalecerá o princípio que apresentar, para a situação fática específica, mais valor. [...] Em outras palavras, o duplo grau de jurisdição pode ser relativizado em face de outros princípios, ou afastado em virtude de exceções legais, mas continuará integrando o ordenamento jurídico". *O Princípio do Duplo Grau de Jurisdição e a Reforma do Código de Processo Civil*. São Paulo: Atlas, 2006, p. 09/11.

2.5.2.4. Turmas Recursais – art. 98, I

O art. 98, I, da Constituição Federal também serve como norma fundamentadora para a constatação da existência implícita do princípio do duplo grau de jurisdição. Refere tal dispositivo que:

> Art. 98. A União, no Distrito Federal e nos Territórios, e os Estados criarão: I – juizados especiais, providos por juízes togados, ou togados e leigos, competentes para a conciliação, o julgamento e a execução de causas cíveis de menor complexidade e infrações penais de menor potencial ofensivo, mediante os procedimentos oral e sumaríssimo, permitidos, nas hipóteses previstas em lei, a transação e o julgamento de recursos por turmas de juízes de primeiro grau;

Tal norma, assegura Berni, é "definidora de princípio institutivo, pois normas futuras deverão observar o esquema por ela determinado", criando uma imposição ao legislador e não lhe concedendo uma faculdade, por mais que o verbo "permitir" possa induzir à ideia de licença. Assim, tendo a Constituição de 1988 se preocupado em proteger com o duplo grau de jurisdição as causas menos complexas – mesmo com recurso a órgão composto por juízes de idêntica hierarquia – obviamente tal proteção deve-se estender para as causas mais complexas.[312]

2.5.2.5. Pacto de São José da Costa Rica – OEA/1969

Assim se fez prescrever na Convenção Interamericana de Direitos Humanos (Pacto de São José da Costa Rica) de 1969, da qual o Brasil é signatário e a qual fez adentrar em seu direito pelo Decreto nº 678, de 06/12/1992:

> Art. 8º. Garantias judiciais: (...) 2. Toda pessoa acusada de um delito tem direito a que se presuma sua inocência, enquanto não for legalmente comprovada sua culpa. Durante o processo, toda a pessoa tem direito, em plena igualdade, às seguintes garantias mínimas: (...) h) direito de recorrer da sentença a juiz ou tribunal superior;

Pelas prescrições contidas no Pacto de São José da Costa Rica (OEA/1969), além das previstas no Pacto Internacional dos Direitos

---

[312] Berni, Duílio Landell de Moura. *O duplo grau de jurisdição como garantia constitucional*. As garantias do cidadão no processo civil: relação entre constituição e processo. Adriane Donadel ... [et. al.]; org. Sérgio Gilberto Porto. Porto Alegre: Livraria do Advogado, 2003, p. 201/220.

Civis e Políticos (ONU/1966),[313] e na Convenção sobre os Direitos da Criança (ONU/1989),[314] ratificados pelo governo brasileiro em 1992, infere-se, na concepção de Kukina, que a preocupação é a de assegurar as revisões dos julgados de natureza penal, não sendo proclamado o duplo grau de jurisdição para além da esfera punitiva.[315]

Nesta senda, diz-se que faz assumir apenas em matéria penal a garantia do duplo grau de jurisdição. Essa previsão, como garantia constitucional absoluta, para Nelson Nery Jr., não alcança o direito processual civil ou do trabalho.[316]

Esta posição não está imune a críticas, como aquela feita por Leonardo Greco, para quem, nada obstante o reconhecimento de que, por constituir-se em preceito infraconstitucional, o princípio do duplo grau de jurisdição poderia ou não ser adotado pelo legislador ordinário no processo civil,

> a impessoalidade da jurisdição, especialmente em sistema de justiça monocrática de 1º grau exercida por juízes de investidura exclusivamente técnica, fica gravemente comprometida, se as decisões judiciais não ficarem sujeitas a qualquer possibilidade de reexame. Por isso, entendo que o segundo julgamento por um tribunal

---

[313] "Art. 14.5: Toda pessoa declarada culpada por um delito terá o direito de recorrer da sentença condenatória e da pena a uma instância superior, em conformidade com a lei". Decreto nº 592, de 6 de julho de 1992, **disponível em** http://www.planalto.gov.br/ccivil_03/decreto/1990-1994/D0592.htm. Acesso em 12.10.2008.

[314] "Art. 40.2, *b*, V: se for decidido que infringiu as leis penais, ter essa decisão e qualquer medida imposta em decorrência da mesma submetidas a revisão por autoridade ou órgão judicial competente, independente e imparcial, de acordo com a lei". Decreto nº 99.710, De 21 de novembro de 1990. **Disponível em** http://www.planalto.gov.br/ccivil_03/decreto/1990-1994/D99710.htm. Acesso em 12.10.2008.

[315] Kukina, Sérgio Luiz. O princípio do duplo grau de jurisdição. *Revista de Processo*. São Paulo: RT. Ano 28, n. 109, jan-mar de 2003, p. 110.

[316] Nery Júnior, Nelson. *Princípios do Processo Civil na Constituição Federal*. 8. ed. rev., atual. e ampl. com as novas súmulas do STF e com análise sobre a relativização da coisa julgada. São Paulo: Revista dos Tribunais, 2004. (Coleção estudos de direito de processo Enrico Tullio Liebman; v. 21), p. 214. No mesmo sentido Sérgio Luiz Kukina, a quem "é de se concluir que na seara cível, o princípio da duplicidade de jurisdição, tal como concebido no sistema processual brasileiro, há de encontrar seu imediato fundamento na ordem jurídica interna, dada a ausência de suporte nos diplomas internacionais subscritos pelo Brasil." Kukina, Sérgio Luiz. O princípio do duplo grau de jurisdição. *Revista de Processo*. São Paulo: RT. Ano 28, n. 109, jan-mar de 2003, p. 110.

de hierarquia superior deva ser assegurado como garantia fundamental também do processo civil.[317]

Essa posição é seguida por Djanira de Sá[318] e Destefenni[319] sendo que, para o último, "o princípio decorre do art. 8°, 2, *h* (direito de recorrer da sentença para juiz ou tribunal superior) da Convenção Americana sobre Direitos Humanos.".

Quadra referir a manifestação de Ingo Sarlet[320] quanto ao destacado Pacto. O doutrinador adverte, contudo, que, aos que buscam o direito materialmente fundamental de recorrer, o Pacto, pela sua redação ("direito de recorrer da sentença a juiz ou tribunal superior"), consagra o princípio do duplo grau de jurisdição.

> Aqui, sem dúvida, abre-se, ao menos em tese, uma porta para que, através do artigo 5º, § 2º, da CF, o princípio do duplo grau de jurisdição [...] possa ser considerado, entre nós, verdadeiro direito fundamental, ainda sob o ponto de vista meramente material, até mesmo em face de absoluta ausência de incompatibilidade com a atual sistemática da Constituição. O direito reconhecido no Pacto de São José é complementar às garantias do acesso à justiça (ou inafastabilidade do controle judicial), da ampla defesa e do devido processo legal (art. 5º, incs. XXXV, LIV e LV) consagrados na nossa Carta.

Cabe mencionar que, nada obstante a previsão proveniente da aludida Convenção, a norma, como apontado pela doutrina ao menos majoritária, não atinge o direito processual como um todo.

2.5.2.6. Outros fundamentos constitucionais – arts. 5°, § 2°, e 33, § 3°

Somados aos fundamentos destacados, outros têm sido arrolados pela doutrina para o reconhecimento constitucional do duplo grau de jurisdição.

---

[317] Greco, Leonardo. Garantias Fundamentais do Processo: O Processo Justo. *Revista Jurídica*. Ano 51, nº 305, março de 2003, p. 90.

[318] Sá, Djanira Maria Radamés de. *Duplo Grau de Jurisdição*: Conteúdo e Alcance Constitucional. Porto Alegre: Saraiva. 1999, p. 102.

[319] Destefenni, Marcos. *Curso de Processo Civil*. v. 1 Processo de Conhecimento e Cumprimento de Sentença. São Paulo: Saraiva, 2006, p. 32.

[320] Sarlet, Ingo Wolfgang. Valor de alçada e limitação do acesso ao duplo grau de jurisdição: problematização em nível constitucional, à luz de um conceito material de direitos fundamentais. *Revista da Ajuris*, v. 66, Porto Alegre, 1996, p. 119.

A ausência de registro explícito do instituto não o descaracterizaria como garantia constitucional,[321] levando Sarlet[322] a questionar se "será que a teor do art. 5º, § 2º[323] da CF, não poderíamos cogitar de um direito fundamental decorrente dos princípios e do regime da nossa Lei Maior?", dado que tal norma

> traduz o entendimento de que, além do conceito formal de Constituição (e de direitos fundamentais), existe um conceito material, no sentido de que existem direitos que, por seu conteúdo, por sua substância, pertencem ao corpo fundamental da Constituição de um Estado, mesmo não constando do catálogo. [...] Portanto, não é constitucional apenas o que está escrito no estatuto básico, e sim o que se deduz do sistema por ele estabelecido.

Completa o doutrinador seu raciocínio ao afirmar que a finalidade do princípio da não tipicidade, consagrado em nossa Carta, é a de ampliar e completar o catálogo dos direitos fundamentais.[324]

Assim, no afã de responder se é possível "falar de um direito (e garantia) fundamental do acesso ao duplo grau de jurisdição ou de recorrer para uma segunda instância", Sarlet[325] sustenta que

> parece razoável que o direito de acesso a um segundo grau de jurisdição e, consideradas as diferenças já apontadas, o de recorrer das decisões judiciais para uma instância superior, encontra-se fundado no valor maior da dignidade humana, além de guardar sintonia com a sistemática da Constituição e do ordenamento jurídico.

---

[321] Berni, Duílio Landell de Moura. *O duplo grau de jurisdição como garantia constitucional. As garantias do cidadão no processo civil*: relação entre constituição e processo. Adriane Donadel ... [et. al.]; org. Sérgio Gilberto Porto. Porto Alegre: Livraria do Advogado, 2003, p. 209.

[322] Sarlet, Ingo Wolfgang. Valor de alçada e limitação do acesso ao duplo grau de jurisdição: problematização em nível constitucional, à luz de um conceito material de direitos fundamentais. *Revista da Ajuris*, v. 66, Porto Alegre, 1996, p. 89/97. Isso "significa que na Constituição também está incluído o que não foi expressamente previsto, mas que se encontra perfeitamente sedimentada em toda a história do constitucionalismo republicano..." p. 90. Constata-se que "o reconhecimento da diferença entre direitos formal e materialmente fundamentais traduz a idéia de que o Direito Constitucional brasileiro (assim como o lusitano) aderiu a uma certa ordem de valores e de princípios, que, por sua vez, não se encontra necessariamente na dependência do Constituinte, mas que também encontra respaldo na idéia dominante de Constituição e no senso jurídico coletivo." p. 91.

[323] "§ 2º Os direitos e garantias expressos nesta Constituição não excluem outros decorrentes do regime e dos princípios por ela adotados, ou dos tratados internacionais em que a República Federativa do Brasil seja parte".

[324] Sarlet, Ingo Wolfgang. Valor de alçada e limitação do acesso ao duplo grau de jurisdição: problematização em nível constitucional, à luz de um conceito material de direitos fundamentais. *Revista da Ajuris*, v. 66, Porto Alegre, 1996, p. 107.

[325] Idem, p. 116-117.

Para tanto, basta referir todas as normas relativas à competência dos tribunais, cuja existência encontra justificação fundamentalmente na sua tarefa de analisar os recursos interpostos contra as decisões das instâncias inferiores.

O duplo grau de jurisdição não se torna direito fundamental autônomo, pois não se trata de direito fundamental implícito (*stricto sensu*), que seria aquele presente na norma de direitos fundamentais do catálogo ou decorrente do "regime e dos princípios" do art. 5º, § 2º, da Constituição.[326]

Outra norma utilizada como fundamento é a presente no art. 33, § 3º, prescrevendo que:

> Art. 33. A lei disporá sobre a organização administrativa e judiciária dos Territórios:
> § 3º. Nos *Territórios Federais* com mais de cem mil habitantes, além do Governador nomeado na forma desta Constituição, *haverá órgãos judiciários de primeira e segunda instância*, membros do Ministério Público e defensores públicos federais; a lei disporá sobre as eleições para a Câmara Territorial e sua competência deliberativa.

Resta evidente, para Berni,[327] que, sendo assim, o mesmo (duplicidade de graus) deve ocorrer nos Estados-Membros, que são entes federativos mais complexos e dotados de diversas competências específicas.

2.6. CONCLUSÃO

Após análise dos fundamentos acerca da natureza do duplo grau de jurisdição, pode-se dizer, de modo modesto, que o duplo grau de jurisdição se afeiçoa como um princípio garantido constitucionalmente, dado que ínsito a toda organização judiciária

---

[326] Sarlet, Ingo Wolfgang. Valor de alçada e limitação do acesso ao duplo grau de jurisdição: problematização em nível constitucional, à luz de um conceito material de direitos fundamentais. *Revista da Ajuris*, v. 66, Porto Alegre, 1996, p. 117-118. Ao autor, nenhum dispositivo da Constituição traz, de modo expresso e direito, o direito de acesso ao duplo grau de jurisdição. Também, pela legislação inferior, não há como se falar que nestas leis exista um direito fundamental (no sentido material) de apelar, ou interpor outros recursos.

[327] Berni, Duílio Landell de Moura. *O duplo grau de jurisdição como garantia constitucional*. As *garantias do cidadão no processo civil*: relação entre constituição e processo. Adriane Donadel ... [et. al.]; org. Sérgio Gilberto Porto. Porto Alegre: Livraria do Advogado, 2003, p. 221. Prossegue o autor afirmando que não haveria razão para que nos Territórios com população menor que 100 mil habitantes, não existissem tias órgãos, p. 221.

implementada pelo Estado Pátrio.[328] Se não se pode eliminar a possibilidade de reexame, isso é uma diretriz de uma lei maior, caso contrário, supressões agudas já poderiam ter sido feitas, inclusive por força da garantia constitucional da razoável duração do processo.

Nos países alienígenas,[329] o duplo grau de jurisdição tem sido reconhecido nas respectivas constituições, se não de modo expresso, ao menos implicitamente. É o que acontece na Itália, dizem Comoglio, Ferri e Taruffo, para quem "non sembra esistere esplicita garanzia, che assicuri al cittadino il diritto ad un doppio grado di giurisdizione (o, se si preferisce, il diritto ad un dúplice giudizio di mérito)".[330] O mesmo ocorre em Portugal, segundo Jorge Miranda,

---

[328] Berni, Duílio Landell de Moura. *O duplo grau de jurisdição como garantia constitucional*. As garantias do cidadão no processo civil: relação entre constituição e processo. Adriane Donadel ... [et. al.]; org. Sérgio Gilberto Porto. Porto Alegre: Livraria do Advogado, 2003, p. 221.

[329] Com amparo exclusivo na obra de Djanira M. R. de Sá, assim tem-se o duplo grau de jurisdição no direito comparado: "Ausente das Constituições da grande maioria dos países de tradição democrática, ou daqueles grandemente desenvolvidos, é maciçamente recepcionado pelas Cartas Magnas das nações recém-criadas e que, principalmente,viveram longo tempo sob regime de opressão. Assim, o duplo grau de jurisdição encontra-se enunciado como garantia constitucional na Rússia, Chechênia, Estônia, Macedônia, Polônia, Eslovênia, Angola, Croácia e Bielorússia. Das nações que não se incluem nesse bloco, somente Chile, Irã, Austrália, Nova Zelândia, Finlândia e Dinamarca contemplam a garantia em suas Constituições. China e Cuba, por razões óbvias, não prevêem sequer a existência do devido processo legal, daí decorrendo a ilação de que inexiste qualquer garantia ao reexame das sentenças nesses países. Também a grande maioria dos países cuajs Constituições foram examinadas não estabelece em seu texto a competência dos tribunais, como o faz a Carta Magna brasileira, remetendo à legislação ordinária a organização de sua Justiça. Nessa categoria encontram-se Uruguai, Marrocos, Madagascar, Índia, Coréia do Sul, África do Sul, Espanha e Portugal. Outros nem mesmo mencionam os tribunais, estabelecendo que sua criação se faz mediante leis ordinárias. Tal é o caso da Argentina, do Panamá, de Cuba, Kuwait, Taiwan e Japão. Casos excepcionais são representados pelas Constituições australiana e irlandesa. Enquanto a primeira estabelece competência específica *High Court* para apelação de todas as sentenças, a segunda prevê a figura do duplo exame no mesmo grau de jurisdição. Da análise se dessume que pelo menos quarenta por cento das Constituições examinadas contemplam, expressamente, o direito ao reexame das sentenças. Considerando o fato de que outros cinqüenta por cento delas adotam a cláusula do *due process of law*, ainda que algumas o façam com certa mitigação, é de se ver, pela amostragem, que o duplo grau de jurisdição é garantido pela maioria das nações, se não expressa, pelo menos implicitamente, por decorrência do devido processo legal.". *Duplo Grau de Jurisdição: Conteúdo e Alcance Constitucional*. Porto Alegre: Saraiva. 1999, p. 103-104.

[330] Comoglio, Luigi Paolo, Corrado Ferri e Michele Taruffo. *Lezioni sul Processo Civile*. Seconda edizione, Il Mulino, 1998, p. 87. Em tradução livre: Não parece existir alguma explícita garantia, que assegure ao cidadão o direito a um duplo grau de jurisdição (ou, se se preferir, o direito a um duplo juízo de mérito).

pois tem "a jurisprudência constitucional contribuído para o aditamento de novos direitos ou decorrência de direitos: – o direito de recurso ou de 2º grau de jurisdição".[331]

Verifica-se, portanto, que um conjunto de normas constitucionais, capitaneadas pelo devido processo legal, aí incluídas, a organização dos Tribunais, o direito de ação, a ampla defesa, além de outros direitos decorrentes do regime e dos princípios pela Constituição adotados, permite a conclusão de que o sistema, como um todo, contempla a existência do princípio do duplo grau de jurisdição.

Frente aos fundamentos constitucionais supratraçados, pode-se assentir com Berni, segundo o qual "é bem verdade que a duplicidade de graus, *per se*, não implica a consumação do duplo grau de jurisdição, pois poderia ocorrer que ambas as instâncias tivessem apenas competências originárias, e não recursais, sem nenhuma possibilidade de reapreciação entre elas ou dentro delas. Porém, não é o que ocorre no Direito Brasileiro, em que o órgão de grau superior, de regra, tem o poder de reapreciar com ampla cognição o que foi decidido no grau inferior".[332]

Contudo, não deve o duplo grau de jurisdição ser entendido como entrave à tutela jurisdicional efetiva, tendo o legislador infraconstitucional a tarefa de fazê-lo funcionar, sem obstacularizar a devida prestação pretendida.

Assim, dentre a gama de princípios constitucionais, está o duplo grau de jurisdição que apresenta liame percuciente e profundo com a apelação,[333] recurso ordinário por excelência e densificador daquele.

---

[331] Miranda, Jorge. *Manual de Direito Constitucional*, Tomo IV, Direitos fundamentais. 2. ed. (reimpressão) Coimbra Editora, 1998, p. 159.

[332] Berni, Duílio Landell de Moura. *O duplo grau de jurisdição como garantia constitucional. As garantias do cidadão no processo civil*: relação entre constituição e processo. Adriane Donadel ... [*et. al.*]; org. Sérgio Gilberto Porto. Porto Alegre: Livraria do Advogado, 2003, p. 216.

[333] Silva Jr., Gervásio Lopes da. *Julgamento Direto do Mérito na Instância Recursal* (art. 515, § 3º, CPC). Salvador: JusPODIVM, 2007, p. 74.

3. Delineamentos do duplo grau de jurisdição e a efetividade do processo

3.1. INTRODUÇÃO

Neste capítulo, tratar-se-á de temas relevantes que permitem a problematização acerca do funcionamento do duplo grau de jurisdição, na relação entre sentença e apelação, que o sistema recursal vem imprimindo com o estabelecimento de regras que almejam a diminuição do tempo do processo, e como vêm sendo interpretadas as normas que, de alguma forma, inserem-se nessa discussão, estabelecendo determinados contornos ao duplo grau de jurisdição.

Se é natural que o ser humano apresenta resistência ao novo e desconhecido, não menos natural é o fato de que essa oposição inicial perca vigor com a compreensão da novidade e com a gradual incorporação resultante das mudanças.

Essa incorporação se dá com maior tranquilidade se as constantes alterações no normativo processual forem interpretadas sob o ângulo da maior eficiência possível. Baseado nisso, Paulo Vaz[334] considera que lhe emprestar tratamento extensivo, e não restritivo, é dar abertura às normas, conformando-as ao princípio da efetividade da jurisdição.

Acontece que, na visão de Notariano Junior,[335] reformas pontuais como as que vêm sendo feitas há mais de uma década, correm o risco de conflitarem-se com o sistema visto como um todo, gerando choques de princípios.

---

[334] Vaz, Paulo Afonso Brum. Breves considerações acerca do novo § 3º do art. 515 do CPC. *Revista de Processo*, v. 134, São Paulo, RT, 2006, p. 88.

[335] Notariano Junior, Antonio de Pádua. O duplo grau e o § 3º do art. 515 do CPC, introduzido pela Lei 10.352/2001. *Revista de Processo*, v. 114, São Paulo, RT, 2004, p. 189.

3.2. O DUPLO GRAU DE JURISDIÇÃO E A RESTRIÇÃO A RECURSOS

É incontroversa a posição de que está o princípio do duplo grau de jurisdição encravado no sistema, restando a ser resolvida a problemática acerca dos delineamentos atinentes à possibilidade de limitação ou até mesmo de eliminação do duplo grau de jurisdição.

Este aspecto do estudo deve ser encarado de forma a preservar o duplo grau de jurisdição, mas tendo o espírito aberto, não o interpretando, ou aplicando-o de modo absoluto, mas compreendendo-o na conjuntura do sistema jurídico em que está inserido. Por isso não se pode perder de vista o sentido de realidade, adequando-a o intérprete às instituições jurídicas, nem a noção de razoabilidade que lhe indica o rumo a seguir.[336]

O legislador pode introduzir limitações ao duplo grau de jurisdição, mas não pode destruir o sistema já consolidado. O duplo grau de jurisdição tem sido usado como regra (de regra, de modo ordinário), por conta inclusive da tradição, e seria inconstitucional aboli-lo.

Não se pode eliminar o duplo grau para suprimir o direito de apelação das sentenças de mérito com o objetivo de ganhar tempo, sob pena de graves prejuízos na qualidade e perda da fé na justiça.[337]

Mauro Cappelletti talvez tenha sido um dos doutrinadores com maior aversão ao duplo grau. Essa posição mais radicalizada serve para provocar a busca pela forma racional e coerente ao direito de apelar, estabelecendo-se o afastamento dos excessos, seja quanto à possibilidade exagerada de recorrer ou quanto à eliminação total do duplo exame.

O STF já decidiu que "princípios constitucionais genéricos, como os dos incisos LIV e LV do artigo 5º da Constituição Federal encontram sua concreta realização nas normas infraconstitucionais

---

[336] Bandeira de Melo, Ricardo Procópio. *Princípio do Duplo Grau de Jurisdição*: Garantia Constitucional, extensão e algumas notas sobre o § 3º do art. 515 do CPC. In *Aspectos polêmicos e atuais dos recursos cíveis e de outros meios de impugnação às decisões judiciais*. Coordenação Nelson Nery Jr. e Teresa Arruda Alvim Wambier. São Paulo: Revista dos Tribunais, 2005. (Série aspectos polêmicos e atuais dos recursos; v. 8), p. 678.

[337] Assis, Araken de. *Manual dos Recursos*. São Paulo: Revista dos Tribunais, 2007, p.77.

que disciplinam as múltiplas atividades da Administração Pública".[338] Reconhece-se que os recursos estão presentes nas legislações de todas as nações e são "indispensáveis à realização do direito pelo Processo e à consecução da Justiça".[339]

O fato de, pela garantia maior da ampla defesa, estar o princípio do duplo grau de jurisdição presente na Constituição de forma implícita, como faceta daquele, não impede a necessária limitação à possibilidade de recorrer.[340] Tal limitação, assim, não pode ser considerada inconstitucional, ao contrário, refere Mesquita,[341] "é, às vezes, medida que se impõe necessária para colocar o processo civil em harmonia com a realidade contemporânea, sendo, em verdade, uma espécie de busca por uma justiça mais efetiva e célere, sem descuidar, contudo, dos propósitos da segurança jurídica.".

Conforme escritos do capítulo precedente, vislumbra-se que a doutrina ainda não chegou a um consenso absoluto, no sentido de tratar o duplo grau de jurisdição como ideia de garantia, o que ao menos legitima o legislador a restringir o direito aos recursos. Tais entendimentos permitem afastar a inconstitucionalidade das restrições ao direito de recorrer quanto às decisões que decidem as causas.

Para Marinoni, o disposto no inciso LV do art. 5º da CF quer dizer que "o recurso não pode ser suprimido quando inerente à ampla defesa; e não que a previsão do recurso é indispensável para que seja assegurada a ampla defesa em todo e qualquer caso.". Pois, ao legislador infraconstitucional "é deferida a oportunidade de verificar quando é racionalmente justificável, em nome do direito constitucional à tempestividade da tutela jurisdicional, a dispensa do duplo juízo, por não ser o recurso inerente à ampla defesa".[342]

---

[338] SS 2454 – BA, Suspensão da Segurança, Julgamento: 20/10/2004 Presidente Min. Nelson Jobim, Publicação DJ 27/10/2004 PP-00008.

[339] Moniz de Aragão, Egas Dirceu. *Demasiados Recursos? Meios de impugnação ao julgado civil*: estudos em homenagem a José Carlos Barbosa Moreira. Coordenador Adroaldo Furtado Fabrício; Paulo César Pinheiro Carneiro...[et al.]. Rio de Janeiro: Forense, 2007, p. 178.

[340] Pinto, Nelson Luiz. *Manual dos Recursos Cíveis*. São Paulo: Malheiros, 1999, p. 78.

[341] Mesquita, Gil Ferreira de. *Princípio do Contraditório e da Ampla Defesa no Processo Civil Brasileiro*. São Paulo: Juarez de Oliveira, 2003, p. 257.

[342] Marinoni, Luiz Guilherme. Arenhart, Sérgio Cruz. *Manual do Processo de Conhecimento*. 4. ed. rev. atual. e ampl. São Paulo: Revista dos Tribunais, 2005, p. 502.

Nada obstante os dispositivos constitucionais, Moniz de Aragão compreende a norma – que prevê "recursos" no inc. LV do art. 5º da CF[343] – como compatível com a disciplina legal, ou seja, infraconstitucional, para os meios de recorrer e de específicas limitações. Neste sentido entende que a supressão à possibilidade de recorrer, sua restrição a termos inaceitáveis ou ainda a criação de obstáculos de difícil transposição, seria incabível quando se trata de decisões finais de juízes ou tribunais, até o órgão máximo, o Superior Tribunal de Justiça ou o Supremo Tribunal Federal, dependendo do caso.[344]

Observa Barbosa Moreira que "nem o texto da Constituição anterior nem o da vigente ministra, no particular, conceito que se imponha ao legislador ordinário; nenhum dos dois alude sequer, *expressis verbis*, ao princípio. Tem-se de verificar quais são, a respeito, as exigências inerentes à própria sistemática do Código".[345]

Essa ausência de previsão constitucional expressa, segundo Bedaque, acarreta a "inexistência de qualquer parâmetro ao qual o legislador ordinário estaria vinculado, na determinação do alcance do princípio do duplo grau.". Isso permite, para o autor, as ampliações de devolutividade pelo legislador, seja na extensão ou na profundidade, sem que isso viole tal princípio.[346]

A ponderação tem-se apresentado como a arma mais poderosa para a manutenção do equilíbrio entre princípios que não podem ser alijados por completo. Visualizar o desiderato maior do sistema processual, qual seja, a harmonia entre a segurança jurídica e a ra-

---

[343] Moniz de Aragão chega à conclusão de que "a existência de vias recursais decorrer das disposições constitucionais que estruturam o Poder Judiciário (afinal, que papel desempenhariam os diversos tribunais que o integram, se eliminado o direito de a eles recorrer?, endossadas e consolidadas, hoje, pelas garantias do devido processo, do contraditório e da ampla defesa.". Preparam elas o terreno para se definir se há muitos recursos e se devem eles serem restringidos no seu cabimento.

[344] Moniz de Aragão, Egas Dirceu. *Demasiados Recursos? Meios de impugnação ao julgado civil*: estudos em homenagem a José Carlos Barbosa Moreira. Coordenador Adroaldo Furtado Fabrício; Paulo César Pinheiro Carneiro...[et al.]. Rio de Janeiro: Forense, 2007, p. 187.

[345] Barbosa Moreira, José Carlos. *Comentários ao Código de Processo Civil*. v. 5. 12. ed. Rio de Janeiro: Forense, 2005, p. 240.

[346] Bedaque, José Roberto dos Santos. Apelação: Questões sobre admissibilidade e efeitos. In *Aspectos polêmicos e atuais dos recursos cíveis e de outros meios de impugnação às decisões judiciais*. coordenação Nelson Nery Jr. e Teresa Arruda Alvim Wambier. São Paulo: Revista dos Tribunais, 2003. (Série aspectos polêmicos e atuais dos recursos; v. 7), p. 450.

zoável duração do processo,[347] é, invariavelmente, ponderar princípios, respeitando-os sempre na medida exigida.

Tal construção permite que em determinadas situações criem-se mecanismos para mitigar o duplo grau, não implicando, por conta disso, a total supressão dos tribunais e dos recursos.[348]

Opondo-se a esta restrição, Djanira de Sá não admite qualquer limitação ao duplo grau em se tratando de apelação, considerando odiosa a que distingue pela pecúnia, só alçada à qualidade de critério relevante ao beneficiar o jurisdicionado, como, por exemplo, nos JECs para julgar causas de menor valor econômico.[349]

Haja vista o caráter não compulsório do duplo grau de jurisdição na República, para Araken de Assis "revelam-se rigorosamente constitucionais as restrições porventura criadas à possibilidade de reexame dos atos decisórios por outro órgão judiciário".[350] E mesmo sendo princípio, nada impede, para Wambier, Almeida e Talamini,[351] que, em casos excepcionais, a lei ordinária, em determinadas circunstâncias, prescreva o descabimento, por exemplo, do recurso de apelação.

Portanova advoga que o princípio do duplo grau tem "dignidade constitucional complementável por legislação ordinária", e o sistema recursal brasileiro o define como de "duplo grau mínimo". E, segundo Jane Pereira "a caracterização dos direitos fundamentais como princípios ou como regras traz ínsito um posicionamento sobre a possibilidade de estes serem objeto de restrições, sobre os

---

[347] Para Djanira M. R. de Sá, essa conciliação entre a segurança na justiça e celeridade deve operacionalizar-se "pelos critérios da racionalidade e da razoabilidade, o que acaba por informar a necessidade de o provimento jurisdicional de primeiro grau sofrer pelo menos um reexame da matéria decidida, sendo nesses exatos limites compreendido o duplo grau de jurisdição como garantia ínsita ao sistema de proteção outorgado pela Constituição Federal." *Duplo Grau de Jurisdição*: Conteúdo e Alcance Constitucional. Porto Alegre: Saraiva. 1999, p. 03-04.

[348] Assis, Araken de. *Manual dos Recursos*. São Paulo: Revista dos Tribunais, 2007, p. 73.

[349] Sá, Djanira Maria Radamés de. *Duplo Grau de Jurisdição*: Conteúdo e Alcance Constitucional. Porto Alegre: Saraiva. 1999, p. 90-91. A autora, advogando pela impossibilidade de limitação ao recurso de apelação, considera inconstitucionais as restrições impostas pelos JECs e pela Lei de Execução Fiscal, p. 102.

[350] Assis, Araken de. *Manual dos Recursos*. São Paulo: Revista dos Tribunais, 2007, p. 74.

[351] Wambier, Luiz Rodrigues; Almeida, Flávio Renato Correia de; Talamini, Eduardo. *Curso Avançado de Processo Civil*. v. 1: Teoria geral do processo e processo de conhecimento. 8. ed. rev., atual. e ampl. São Paulo: Revista dos Tribunais, 2006, p. 525.

métodos hermenêuticos a serem empregados para determinar sua esfera de proteção e sobre o papel que os Tribunais desempenham ao interpretar a Constituição".[352]

Não caminha noutro sentido a posição de Marinoni, para quem

> como a sociedade evolui todos os dias, os princípios devem ser redimensionados nessa mesma intensidade e velocidade. Não fosse assim, seria falso que o princípio adquire substantividade a partir do seu contato com a realidade. Aliás, se o conteúdo dos princípios não sofresse mutação com o tempo, a Constituição restaria engessada à letra das suas normas ou à interpretação que um dia a ela foi conferida.[353]

A sempre presente indagação acerca da existência de demasiados recursos e de suas possíveis restrições deve-se harmonizar com um processo que busque a pronta realização do direito, tendo presente que "é imprescindível dar à regulamentação dos recursos um sistema tal que seja permitido acomodar os dois ideais procurados pelo processo: brevidade e certeza".[354]

Observam Marinoni e Arenhart, de modo pouco flexível, que não é adequada a perspectiva do duplo grau no sentido de que a sentença seja revista por órgão superior, uma vez que o sistema, no intuito de minimizar a demora, já criou mecanismos em que o próprio juiz[355] que decidiu, ou juízes de mesmo[356] grau daquele que sentenciou, podem funcionar como reexaminadores da sentença.[357] E são peremptórios quando arrematam sobre o tema ao estabelecerem que

> é correto afirmar que o legislador infraconstitucional não está obrigado a estabelecer, para toda e qualquer causa, uma dupla revisão em relação ao mérito, principalmente porque a própria Constituição Federal, em seu art. 5.º, XXXV, garante a

---

[352] Pereira, Jane Reis Gonçalves. *A Interpretação Constitucional e Direitos Fundamentais*: uma contribuição ao estudo das restrições aos direitos fundamentais na perspectiva da teoria dos princípios. Rio de Janeiro: Renovar, 2006, p. 500.

[353] Marinoni, Luiz Guilherme. *Teoria Geral do Processo*. São Paulo: Revista dos Tribunais, 2006, p. 51-52.

[354] Moniz de Aragão, Egas Dirceu. *Demasiados Recursos? Meios de impugnação ao julgado civil*: estudos em homenagem a José Carlos Barbosa Moreira. Coordenador Adroaldo Furtado Fabrício; Paulo César Pinheiro Carneiro...[et al.]. Rio de Janeiro: Forense, 2007, p. 188.

[355] Embargos Infringentes previstos no art. 34 da Lei 6.830/80 – Lei da Execução Fiscal.

[356] Recurso para a Turma Recursal composta de juízes em exercício no primeiro grau de jurisdição; art. 41, § 1º, da Lei 9.099/95 – Lei dos Juizados Especiais)

[357] Marinoni, Luiz Guilherme; Arenhart, Sérgio Cruz. *Manual do Processo de Conhecimento*. 4. ed. rev. atual. e ampl. São Paulo: Revista dos Tribunais, 2005, p. 495/505.

todos o direito à tutela jurisdicional tempestiva, direito este que não pode deixar de ser levado em consideração quando se pensa em "garantir" a segurança da parte através da instituição da "dupla revisão."

Nada, em se tratando de recursos, pode ser visto de modo absoluto. Bem por isso, percebe-se que a prudência e a proporcionalidade são ingredientes indispensáveis para que o sistema possa oferecer um processo que outorgue efetividade, nela incluídas a celeridade e a segurança jurídica, atingindo a pacificação social[358] como tradução da justiça.

O objetivo social maior das atividades jurídicas do Estado é, para Dinamarco,[359] *"eliminar conflitos mediante critérios justos."* Eis o valor justiça. Atinente à segurança jurídica, o doutrinador escreve dizendo que ela é em si fator de pacificação, uma vez que, pela experiência, pode-se afirmar que as partes provam sensação de alívio ao final do processo, mesmo com solução desfavorável.

Nada obstante, a posição majoritária quanto à possibilidade de restrição a recursos, para Tesheiner,[360] a criação de grau único, parece ser infactível e inviável para a maioria da doutrina.

Segundo Araken,[361] se todos os atos decisórios fossem recorríveis, jamais teria fim o processo, prejudicando sua finalidade social. Por tal razão, haverá um momento em que a irrecorribilidade das decisões será adotada com mais vigor, dependendo da opção política do sistema jurídico. Nessa hora, não haverá alegação de ofensa aos direitos fundamentais pela irrecorribilidade dos provimentos proferidos pelo Judiciário.

---

[358] Não obstante tal definição, para Marinoni "parece não ser adequado concluir que a jurisdição se caracteriza pelo fim da pacificação social. É preciso, antes de tudo, analisar de que forma esse fim é obtido, ou melhor, verificar a legitimidade do poder de resolução dos conflitos e das decisões destinadas a regulá-los. Sem isso estaríamos aceitando que todo poder direcionado à pacificação social é um poder jurisdicional e, assim, para dizer o mínimo, igualando a jurisdição do Estado legislativo com a jurisdição do Estado contemporâneo.[...] A pacificação social pode ser vista como um objetivo que deve ser perseguido pela jurisdição, mas não serve para caracterizá-la". *Teoria Geral do Processo*. São Paulo: Revista dos Tribunais, 2006, p. 108-109.

[359] Dinamarco, Cândido Rangel. *Instrumentalidade do Processo*. São Paulo: Malheiros, 2005, p. 196.

[360] Tesheiner, José Maria Rosa. *Elementos para uma teoria geral do processo*. São Paulo: Saraiva, 1993, p. 61.

[361] Assis, Araken de. *Manual dos Recursos*. São Paulo: Revista dos Tribunais, 2007, p. 80-81.

Pode-se reconhecer que, mesmo aceitando-se que o duplo grau de jurisdição seja fruto do sistema constitucional, não está ele imune a restrições, uma vez que não se trata de princípio absoluto, devendo conviver de forma harmônica com outros tantos, e que por isso pode, de acordo com as mudanças sociais e com os desideratos políticos, ceder em favor de outros interesses julgados mais relevantes em situações específicas.

Mesmo considerando-se o duplo grau de jurisdição como garantia constitucional, há que se lembrar, em Sarlet, que "todo e qualquer direito fundamental contém limites denominados imanentes", que ocorrem quando há colisão entre direitos fundamentais ou entre estes e outros valores constitucionais. Neste caso, faz-se uso do princípio da proporcionalidade da restrição que obedece à "necessidade da restrição" (meio que menos limita a liberdade); "a sua pertinência" (adequação); e "a proporcionalidade em sentido estrito" (equilíbrio na relação entre o meio e o fim). Essa atividade tem "limite na preservação do núcleo essencial (*Wesensgehalt*) do direito fundamental, que não pode ser completamente sacrificado.". Por isso, deve-se ter em mira que é o legislador ordinário quem implementará eventuais reformas que possam implicar supressão parcial do acesso ao duplo grau de jurisdição – diminuindo a quantidade de recursos ou dificultando sua interposição – desde que respeitadas tais condições.[362]

Da assertiva, em que se coadunam Porto e Ustárroz,[363] de que "deve ser reconhecida a garantia do duplo grau de jurisdição enquanto princípio constitucional", não decorre a necessidade que ele seja observado em qualquer processo, contudo deve ser protegido o seu núcleo essencial quando em tensão com outros princípios (efetividade, duração razoável, devido processo constitucional, etc.).

---

[362] Sarlet, Ingo Wolfgang. Valor de alçada e limitação do acesso ao duplo grau de jurisdição: problematização em nível constitucional, à luz de um conceito material de direitos fundamentais. *Revista da Ajuris*, v. 66, Porto Alegre, 1996, p. 120-121/124. "Em rigor, cuida-se de processo de ponderação no qual não se trata da atribuição de uma prevalência absoluta de um valor sobre o outro, mas sim, na tentativa de aplicação simultânea e compatibilizada de normas, ainda que no caso concreto se torne necessária a atenuação de uma delas.". p. 121.

[363] Porto, Sérgio Gilberto; Ustárroz, Daniel. *Manual dos Recursos Cíveis*: atualizado com as reformas de 2006 e 2007. 2. ed. rev. e ampl. Porto Alegre: Livraria do Advogado Editora, 2008, p. 54.

3.3. RAZOÁVEL DURAÇÃO DO PROCESSO: SEGURANÇA JURÍDICA E EFETIVIDADE

Exige-se, para que do processo resulte uma solução do conflito com justiça, uma cadência ordenada de atos. Mas isso naturalmente demanda tempo.[364] É bem verdade que a demora do processo resulta em descrença no Poder Judiciário. Por isso, há uma preocupação muito grande com a efetividade do processo.[365] Entretanto, não se pode aceitar que, a pretexto de resolver-se rapidamente o conflito, desrespeitem-se uma série de garantias das partes, cuja observância não se coaduna com precipitação.[366]

Há, para Oliveira,[367] dois principais grupos de direitos fundamentais que são a fonte de normas jurídicas processuais, a saber, a efetividade e segurança jurídica, pois são valores instrumentais em relação ao objetivo final do processo, que é a realização da Justiça no caso concreto.

Para o autor, a garantia de acesso à jurisdição (art. 5º, XXXV, CF) desponta quando se trata do valor efetividade. Não é suficiente abrir a porta do Judiciário, mas também prestar jurisdição "eficiente, efetiva e justa, mediante um processo sem dilações ou formalismos excessivos.". O processo, nessa perspectiva, deve ser afastado das construções conceituais e meramente técnicas, inserindo-o na realidade social e política. Deve-se evitar o formalismo excessivo, pois o processo, além de examinar o conflito de exigências contrapostas, porém dignas de proteção, deve assegurar a aspiração de um rito amplo e articulado de garantias "formais", de um lado, e o oferecimento de mecanismo processual eficiente e funcional de outro.[368]

---

[364] Rosito, Francisco. O princípio da razoável duração do processo sob a perspectiva axiológica. *Revista de Processo*, v. 161, São Paulo, RT, 2008, p. 22.

[365] Ver Lima, Lucas Rister de Sousa. Questões novas e velhas sobre a morosidade processual. *Revista de Processo*, v. 150, São Paulo, RT, 2007; Rodrigues, Clóvis Fedrizzi. Celeridade processual *Versus* Segurança jurídica. *Revista de Processo*, v. 120, São Paulo, RT, 2005.

[366] Cruz e Tucci, José Rogério. *Tempo e Processo*: uma análise empírica das repercussões do tempo na fenomenologia processual (civil e penal). São Paulo: Revista dos Tribunais, 1997, p. 28.

[367] Oliveira, Carlos Alberto Alvaro de. O *processo civil na perspectiva dos direitos fundamentais. Processo e constituição*. C. A. Alvaro de Oliveira (organizador)... [et al.]. Rio de Janeiro: Forense, 2004, p. 12.

[368] Oliveira, Carlos Alberto Alvaro de. O processo civil na perspectiva dos direitos fundamentais. Processo e constituição. C. A. Alvaro de Oliveira (organizador)... [et al.]. Rio de Janeiro:

Nesse panorama o fator tempo ganha elevado destaque, sobretudo pela massificação das demandas e a exigência de soluções mais urgentes. Necessários, portanto, mecanismos de duração razoável do processo sem afastar-se da satisfação do direito reconhecido judicialmente.[369]

A segurança jurídica tem influxo constitucional e decorre de diversas normas, como por exemplo, do Estado de Direito (art. 1º), do direito adquirido, do ato jurídico perfeito e da cosia julgada (art. 5º, XXXVI), da legalidade (arts. 5º, II, e 150, I), da irretroatividade (art. 150, III, *a*), da anterioridade (150, III, *b*).[370] O destaque aqui, segundo leciona Oliveira,[371] deve ser dado ao devido processo legal (art. 5º, LIV), que carrega consigo a proibição dos juízos de exceção e o princípio do juiz natural (5º, XXXVII e LIII), a igualdade (5º, *caput*), compreendida a paridade de armas, e o contraditório e a ampla defesa, com os meios e recursos a ela inerentes (art. 5º, LV), consideradas inadmissíveis as provas obtidas por meios ilícitos (art. 5º, LVI), solucionando o litígio de modo fundamentado (93, IX).

O sistema recursal deve desenvolver a jurisprudência, o que não se faz apenas com a previsão de múltiplas impugnações. Sem o debate consciente, ínsito aos órgãos colegiados, não há como uniformizar a jurisprudência enquanto fonte do direito.[372]

É no artigo 5º, XXXV, da Constituição Federal que se encontram valores contrastantes a serem equilibrados, a saber: a ordem jurídica justa e a ordem jurídica adequadamente tempestiva. Ganham em importância, no primeiro caso, princípios como o do duplo grau de

---

Forense, 2004, p.12. No mesmo sentido Rodrigues, Clóvis Fedrizzi. Celeridade processual *Versus* Segurança jurídica. Revista de Processo, v. 120, São Paulo: RT, 2005, p. 292, para quem "ingressar no Judiciário de certo modo é fácil, mas o difícil é ter acesso à Justiça."

[369] Oliveira, Carlos Alberto Alvaro de. *O processo civil na perspectiva dos direitos fundamentais.* Processo e constituição. C. A. Alvaro de Oliveira (organizador)... [*et al.*]. Rio de Janeiro: Forense, 2004, p.13.

[370] Rosito, Francisco. O princípio da razoável duração do processo sob a perspectiva axiológica. *Revista de Processo*, v. 161, São Paulo, RT, 2008, p. 23.

[371] Oliveira, Carlos Alberto Alvaro de. *O processo civil na perspectiva dos direitos fundamentais.* Processo e constituição. C. A. Alvaro de Oliveira (organizador)... [*et al.*]. Rio de Janeiro: Forense, 2004, p. 14-15.

[372] Porto, Sérgio Gilberto; Ustárroz, Daniel. *Manual dos Recursos Cíveis*: atualizado com as reformas de 2006 e 2007. 2. ed. rev. e ampl. Porto Alegre: Livraria do Advogado Editora, 2008, p. 39.

jurisdição, pois, em tese, garantem uma decisão mais acertada e, assim, mais justa; no segundo, privilegia-se a celeridade.[373]

Para justificar a ponderação entre efetividade e segurança jurídica como o meio para alcançar um processo tendencialmente justo, Oliveira conclui que

> garantismo e eficiência devem ser postos em relação de adequada proporcionalidade, por meio de uma delicada escolha dos fins a atingir e uma atenta valoração dos interesses a tutelar. E o que interessa realmente é que nessa difícil obra de ponderação sejam os problemas da justiça solucionados num plano diverso e mais alto do que o puramente formal dos procedimentos e transferidos ao plano concernente ao interesse humano objeto dos procedimentos: um processo assim na medida do homem, posto realmente ao serviço daqueles que pedem justiça.[374]

Observa-se que as reformas que contemporaneamente se sucedem têm privilegiado[375] a efetividade sobre a segurança, amparadas principalmente pelo princípio da razoável duração do processo, pelo ideal de celeridade[376] processual. De resto, notabilizou-se pela

---

[373] Bandeira de Melo, Ricardo Procópio. Princípio do Duplo Grau de Jurisdição: Garantia Constitucional, extensão e algumas notas sobre o § 3º do art. 515 do CPC. In *Aspectos polêmicos e atuais dos recursos cíveis e de outros meios de impugnação às decisões judiciais*. coordenação Nelson Nery Jr. e Teresa Arruda Alvim Wambier. São Paulo: Revista dos Tribunais, 2005. (Série aspectos polêmicos e atuais dos recursos; v. 8), p. 679.

[374] Oliveira, Carlos Alberto Alvaro de. *O processo civil na perspectiva dos direitos fundamentais. Processo e constituição.* C. A. Alvaro de Oliveira (organizador)... [et al.]. Rio de Janeiro: Forense, 2004, p. 15.

[375] Fábio César dos Santos Oliveira, quanto ao estabelecimento de prioridades, refere que "ao declinar a competência originária dos Tribunais Superiores, o constituinte acolheu certos parâmetros de certeza, excluindo a apreciação de algumas questões ao juízo de primeiro grau, com base na determinação da competência *ratione personae* ou *ratione materiae*, entendendo, portanto, que confiar tais causas ao julgamento destes órgãos preencheria especiais exigências do princípio da segurança jurídica que, nestas hipóteses, em cotejo com o duplo grau de jurisdição, assumiria uma posição predominante. Destarte, o sopesamento realizado pelo constituinte ao excluir certas causas a uma dupla apreciação por órgãos jurisdicionais distintos não reflete a exclusão deste princípio, eis que tais dispositivos revelam a previsão de situações abstratas que requerem um índice maior de proteção da segurança jurídica.". O art. 515, § 3º, do CPC e o combate à dilação processual indevida. *Revista de Processo*, v. 115, São Paulo: RT, 2004, p. 132-133.

[376] A morosidade é um problema e o que arrasta os processos por anos, culminando com uma prestação jurisdicional intempestiva. Notariano Junior, Antonio de Pádua. O duplo grau e o § 3º do art. 515 do CPC, introduzido pela Lei 10.352/2001. Revista de Processo, v. 114, São Paulo: RT, 2004, p. 187-188. Ver Dias, Ronaldo Bretãs de Carvalho. Direito à jurisdição eficiente e garantia da razoável duração do processo na reforma do judiciário. *Revista de Processo*, v. 128, São Paulo: RT, 2005.

EC 45/2004 o princípio da razoável duração do processo (norma de eficácia plena e de aplicação imediata)[377] previsto no art. 5º, LXXVIII estabelecendo que "a todos, no âmbito judicial e administrativo, são assegurados a razoável duração do processo e os meios que garantam a celeridade de sua tramitação.".

Atinente ao Código de Processo Civil, é possível anotar algumas alterações surgidas com esse viés pelo menos nos últimos 15 anos, a saber: a) aprimoramento da antecipação de tutela; b) aumento de poderes do relator; c) criação da ação monitória; d) julgamento imediato do mérito pelo tribunal; e) julgamento liminar de improcedência; f) súmula impeditiva de recursos; g) instituição da repercussão geral; h) julgamento de recursos repetitivos.

Hoje em dia, nada obstante a busca – não necessariamente a obtenção – por procedimentos mais céleres, têm-se empreendido esforços para atingir um verdadeiro equilíbrio entre a efetividade das decisões e a segurança na defesa do direito das partes.[378]

Justo destaque faz Cruz e Tucci,[379] advertindo que

> não se pode olvidar, nesse particular, a existência de dois postulados que em princípio, são opostos: o da segurança jurídica, exigindo, como salientado, um lapso temporal razoável para a tramitação do processo, e o da efetividade deste, reclamando que o momento da decisão final não se procrastine mais do que o necessário. Obtendo-se um equilíbrio destes dois regramentos – segurança/efetividade –, emergirão as melhores condições para garantir a justiça no caso concreto, sem que, assim, haja diminuição no grau de efetividade da tutela jurisdicional.

Francisco Rosito faz destaques acerca da temática no direito europeu. A busca por um prazo razoável é desejo antigo. Em 1950, a Convenção Europeia para Salvaguarda dos Direitos do Homem e das Liberdades Fundamentais previu que "toda pessoa tem direito a que sua causa seja examinada equitativa e publicamente num *prazo razoável*, por um tribunal independente e imparcial instituído por

---

[377] Andrade, Fábio Martins de. Ensaio sobre o inciso LXXVIII do art. 5º da CF/88. *Revista de Processo*, v. 147, São Paulo: RT, 2007, p. 178.

[378] Rosito, Francisco. O princípio da razoável duração do processo sob a perspectiva axiológica. *Revista de Processo*, v. 161, São Paulo, RT, 2008, p. 26. No mesmo sentido Araújo, Luciano Vianna. Art. 285-A do CPC (julgamento imediato, antecipado e maduro da lide): evolução do sistema desde o Código de Processo Civil de 1939 até 2007. *Revista de Processo*, v. 160, São Paulo: RT, 2008, p. 163.

[379] Cruz e Tucci, José Rogério. *Tempo e Processo*: uma análise empírica das repercussões do tempo na fenomenologia processual (civil e penal). São Paulo: Revista dos Tribunais, 1997, p. 66.

lei...". Na Espanha, a Constituição de 1978 previu o direito "a um processo sem dilações indevidas.". A Constituição portuguesa de 1976 estabeleceu que a decisão deve ser dada em "prazo razoável." Em recente reforma constitucional (1999), a Itália previu de modo expresso a duração razoável do processo.[380]

Não é tarefa simples traduzir o que significa *prazo razoável* por tratar-se de conceito indeterminado ou aberto e que deve ser aquilatado no caso concreto. Porém, todas essas advertências devem ser consideradas quando se estabelece e sempre que se promovem adequações no sistema recursal.

Essa busca pela segurança jurídica, que tem apoio, *v.g.*, no contraditório, ampla defesa e duplo grau de jurisdição, deve equilibrar-se com a busca pela prestação jurisdicional em tempo adequado, concretizando, dessa forma, na sua dimensão substancial, o devido processo legal, sempre norteado pela proporcionalidade e pela razoabilidade.[381]

Ultimando este tópico, é possível assentir com Francisco Rosito,[382] segundo o qual

(...) o processo deve demorar exatamente o tempo necessário para atender a sua finalidade de resolver o conflito com justiça, outorgando-se o direito material a quem efetivamente o tem, sem deixar de respeitar o contraditório, a ampla defesa, a igualdade entre as partes e o dever de adequada fundamentação, sob pena de violarmos garantias transcendentais do nosso sistema.

3.4. DUPLO GRAU DE JURISDIÇÃO OBRIGATÓRIO – REEXAME NECESSÁRIO

O legislador estabeleceu algumas sentenças cujos efeitos somente se produzirão após confirmação pelo tribunal, instituindo-se assim, o duplo grau obrigatório, justificado quase que exclusivamente por razões políticas e subsidiariamente por questões jurídicas. O fato de o Código de Processo Civil dispor as situações de

---

[380] Rosito, Francisco. O princípio da razoável duração do processo sob a perspectiva axiológica. *Revista de Processo*, v. 161, São Paulo, RT, 2008, p. 32-35.

[381] Quartiero, Fernando Portella. *O poder do relator dos recursos*. Diss. (Mestrado) – Faculdade de Direito. Programa de Pós-Graduação em Direito. PUCRS, Porto Alegre, 2007, p. 58.

[382] Rosito, Francisco. O princípio da razoável duração do processo sob a perspectiva axiológica. *Revista de Processo*, v. 161, São Paulo, RT, 2008, p. 36.

duplo grau obrigatório no bojo do processo de conhecimento e extirpando a remessa *ex officio* das modalidades recursais[383] fez com que a doutrina concordasse em afastá-lo destas que dependem da atitude do vencido, terceiro prejudicado e Ministério Público.[384] É quase unânime o reconhecimento de que, em se tratando da natureza jurídica do reexame necessário, este tem sido reconhecido como condição de eficácia da sentença,[385] permanecendo, entretanto, algumas vozes isoladas, tratando-o como recurso.[386]

O reexame necessário, ou recurso de ofício, haja ou não sido interposto recurso voluntário, identifica-se pela obrigatoriedade de sujeição de certas decisões ao duplo grau de jurisdição, enquanto nos demais casos está-se frente à mera possibilidade de aviamento de recurso.

---

[383] Theodoro Júnior. Humberto. Inovações da Lei n° 11.352, de 26.12.2001, em matéria de recursos cíveis e duplo grau de jurisdição. *Revista Síntese de Direito Civil e Processual Civil*. Porto Alegre: Síntese, v. 4, n.20, nov./dez. 2002, p. 127.

[384] Portanova, Rui. *Princípios do Processo Civil*. 5. ed. Porto Alegre. Livraria do Advogado. 2003, p. 267. Em sentido contrário Assis, Araken de. *Manual dos Recursos*. São Paulo: Revista dos Tribunais, 2007.

[385] Jorge, Flávio Cheim; Fredie Didier Jr.; Marcelo Abelha Rodrigues. *A nova reforma processual*. 2. ed. São Paulo: Saraiva, 2003, p. 121. No mesmo sentido Hitters, Juan Carlos. Técnica de los recursos ordinários. 2. ed. La Plata: Libreria Platense, 2004, p. 554; Porto, Sérgio Gilberto; Ustárroz, Daniel. *Manual dos Recursos Cíveis*: atualizado com as reformas de 2006 e 2007. 2. ed. rev. e ampl. Porto Alegre: Livraria do Advogado, 2008, p. 259; Medina, José Miguel Garcia e Wambier, Teresa Arruda Alvim. *Recursos e ações autônomas de impugnação*. São Paulo: Revista dos Tribunais, 2008 (Processo civil moderno; v. 2), p. 32; Gianesini, Rita. A Fazenda Pública e o reexame necessário. In *Aspectos polêmicos e atuais dos recursos cíveis e de outros meios de impugnação às decisões judiciais*. coordenação Nelson Nery Jr. e Teresa Arruda Alvim Wambier. São Paulo: Revista dos Tribunais, 2001. (Série aspectos polêmicos e atuais dos recursos; v. 4), p. 917; Lauar, Maira Terra. *Remessa necessária: questões controvertidas*. Processo civil: novas tendências: estudos em homenagem ao Professor Humberto Theodoro Júnior. Fernando Gonzaga Jayme, Juliana Cordeiro de Faria e Maira Terra Lauar, coordenadores. Belo Horizonte, Del Rey, 2008, p. 484; Tosta, Jorge. *Do reexame necessário*. São Paulo: Revista dos Tribunais, 2005, p. 167-169; Simardi, Claudia A. Remessa obrigatória. In *Aspectos polêmicos e atuais dos recursos cíveis e de outros meios de impugnação às decisões judiciais*. coordenação Nelson Nery Jr. e Teresa Arruda Alvim Wambier. São Paulo: Revista dos Tribunais, 2001. (Série aspectos polêmicos e atuais dos recursos), p. 127.

[386] Assis, Araken de. Admissibilidade dos Embargos Infringentes em reexame necessário. In *Aspectos polêmicos e atuais dos recursos cíveis e de outros meios de impugnação às decisões judiciais*. coordenação Nelson Nery Jr. e Teresa Arruda Alvim Wambier. São Paulo: Revista dos Tribunais, 2001. (Série aspectos polêmicos e atuais dos recursos; v. 4), p. 130.

Somente nos casos do art. 475 do CPC,[387] de acordo com Laspro,[388] é que se encontra, expressamente, o duplo grau de jurisdição que independe da vontade das partes em recorrer. Com base nisso, Laspro estabelece a sua diferença entre o direito de recorrer e o duplo grau de jurisdição obrigatório, dizendo que o recurso é um ato de vontade em que a parte sucumbente oferece impugnação se não se conformar com a decisão válida e eficaz; e o duplo grau de jurisdição obrigatório, garantido em algumas hipóteses, independente da interposição de recurso.[389]

Apesar da existência de hipóteses de duplo grau de jurisdição obrigatório, o caráter de voluntariedade é preponderante ao princípio, segundo Portanova,[390] o que significa dizer que é dependente da vontade das partes, terceiros e interessados que pretendem, no todo, ou parcialmente, o reexame da decisão.[391]

---

[387] "Art. 475. Está sujeita ao duplo grau de jurisdição, não produzindo efeito senão depois de confirmada pelo tribunal, a sentença: I – proferida contra a União, o Estado, o Distrito Federal, o Município, e as respectivas autarquias e fundações de direito público; II – que julgar procedentes, no todo ou em parte, os embargos à execução de dívida ativa da Fazenda Pública (art. 585, VI). § 1º Nos casos previstos neste artigo, o juiz ordenará a remessa dos autos ao tribunal, haja ou não apelação; não o fazendo, deverá o presidente do tribunal avocá-los. § 2º Não se aplica o disposto neste artigo sempre que a condenação, ou o direito controvertido, for de valor certo não excedente a 60 (sessenta) salários mínimos, bem como no caso de procedência dos embargos do devedor na execução de dívida ativa do mesmo valor. § 3º Também não se aplica o disposto neste artigo quando a sentença estiver fundada em jurisprudência do plenário do Supremo Tribunal Federal ou em súmula deste Tribunal ou do tribunal superior competente".

[388] Laspro, Oreste Nestor de Souza. Garantia do Duplo Grau de Jurisdição. In *Garantias constitucionais do processo civil*. coordenador José Rogério Cruz e Tucci. 1. ed. 2. tir. São Paulo: Revista dos Tribunais, 1999, p. 190-191.

[389] Laspro, Oreste Nestor de Souza. Garantia do Duplo Grau de Jurisdição. In *Garantias constitucionais do processo civil*. coordenador José Rogério Cruz e Tucci. 1. ed. 2. tir. São Paulo: Revista dos Tribunais, 1999, p. 192. O autor justifica dizendo que no nosso sistema há inclusive recursos que podem ser ao próprio juiz da decisão impugnada, o que não se admite para a existência do duplo grau de jurisdição, p. 192. Ovídio Baptista vislumbra um vínculo entre o direito geral de recorrer e a garantia do duplo grau de jurisdição, pois implicitamente no conceito de recurso, há uma autoridade hierarquicamente superior àquela que proferiu a decisão, o que dá a ideia da existência do duplo grau de jurisdição. Baptista da Silva, Ovídio Araújo. *Curso de Processo Civil*, 3. ed. v. 1. Porto Alegre: Fabris, 1996, p. 346.

[390] Portanova também denomina o princípio do duplo grau de jurisdição como princípio do duplo grau de jurisdição voluntário, princípio do duplo grau de jurisdição mínimo ou princípio do controle hierárquico.

[391] Portanova, Rui. *Princípios do Processo Civil*. 5. ed. Porto Alegre. Livraria do Advogado. 2003, p. 266.

Dentre os ataques reformistas empenhados na modernização do Código de Processo Civil, a minirreforma produzida pela Lei 10.352/01 enfrentou a problemática das sentenças que dependem de confirmação pelo tribunal.

Humberto Theodoro Júnior[392] fez particular análise do dispositivo. Diz ele que não estão incluídas no rol das pessoas trazidas pelo inciso I (órgãos da administração direta, suas autarquias e fundações de direito público) as empresas públicas e sociedades de economia mista. Essas sentenças dizem respeito exclusivamente às que resolvem o mérito, afastando-se as que extinguem o processo mediante sentença terminativa, mesmo que vencida a Fazenda Pública.

Referente à execução de dívida ativa, não se está tratando da sentença do art. 795[393] do CPC, pois esta encerra o processo. Aqui se aplica o duplo grau nos casos de procedência, total ou parcial, dos embargos à execução fiscal (inciso II). Dessa remessa infere-se que o dispositivo não se aplica quando se tratar de execução diferente da oriunda de dívida ativa.

Quanto ao § 1º, importante frisar que o termo *apelação* refere-se àquela feita voluntariamente, uma vez que a remessa de ofício não é espécie recursal.

Há que se considerar quanto ao § 2º, que o que importa é o valor atingido com o resultado do julgamento dos embargos para fins de execução e não o valor questionado. Assim, na procedência dos embargos, o valor para fins de execução não pode sobrepujar a 60 salários; se os embargos atacarem parte da execução, a pretensa subtração não poderá ultrapassar aquele valor.

Não haverá também o duplo grau de jurisdição obrigatório, como prescreve o § 3º do art. 475, quando a sentença, contrária ao Poder Público, estiver fundada em jurisprudência sumulada pelos Tribunais Superiores e, na sua ausência, em entendimento assentado pelo plenário do STF. O desiderato é a uniformização da posição das altas cortes, afastando o reexame de demandas decididas sob o pálio dos tribunais que já estabeleceram a interpretação a ser dada para as normas do caso.

---

[392] Theodoro Júnior, Humberto. Inovações da Lei nº 11.352, de 26.12.2001, em matéria de recursos cíveis e duplo grau de jurisdição. *Revista Síntese de Direito Civil e Processual Civil*. Porto Alegre: Síntese, v. 4, n.20, nov./dez. 2002, p. 128-129.

[393] "Art. 795. A extinção só produz efeito quando declarada por sentença".

A observância do duplo grau obrigatório se dá nos casos previamente estabelecidos pelo legislador. Além dos elencados no art. 475 do CPC, podemos identificar os previstos no parágrafo único[394] do art. 12 da Lei 1.533/51 (Mandado de Segurança) e art. 19[395] da Lei 4.717/65 (Ação Popular).

Na lição de Marcato, o instituto encarta-se no conceito de duplo grau, pois este se configura na "possibilidade de reexame do mérito da causa, por meio do reexame da decisão da instância original, abrangendo tanto as questões de fato como as de direito, por um órgão jurisdicional diverso do que prolatou a decisão".[396] Prossegue advertindo para um ponto em que a coincidência não se concretiza. É a concernente ao efeito devolutivo. Advoga no sentido de que por estar o mesmo ligado ao princípio dispositivo, depende ele de ato da parte para impugnar a decisão hostilizada. A devolutividade transfere ao órgão recursal a parte impugnada na dimensão horizontal, o que não ocorre no reexame necessário, pois a remessa ao tribunal fará com que este reaprecie toda a matéria sentenciada.

A análise feita por Theodoro Jr. conduz à avaliação de que se reduziu a incidência do duplo grau obrigatório, visto que excluídas: as sentenças que anulam o casamento, que condenam a valores que não superem os 60 salários mínimos e que estejam fundadas em jurisprudência do plenário do STF, ou em súmula do STF ou do tribunal superior competente.

Com a devida vênia aos defensores do duplo grau obrigatório por conta do primado do interesse público, Portanova é contundente ao afirmar que

> parece induvidoso, nos dias atuais, que o duplo grau obrigatório é demasia. Na medida em que privilegiou uma parte, afronta o princípio informativo jurídico da igualdade. Contando o Estado com cada vez melhores advogados e o Ministério Público se fazendo cada vez mais atuante e prestigiado, há uma afronta ao princí-

---

[394] "Art. 12. Da sentença, negando ou concedendo o mandado cabe apelação. Parágrafo único. A sentença, que conceder o mandado, fica sujeita ao duplo grau de jurisdição, podendo, entretanto, ser executada provisoriamente".

[395] "Art. 19. A sentença que concluir pela carência ou pela improcedência da ação está sujeita ao duplo grau de jurisdição, não produzindo efeito senão depois de confirmada pelo tribunal; da que julgar a ação procedente caberá apelação, com efeito suspensivo".

[396] Marcato, Ana Cândida Menezes. *O Princípio do Duplo Grau de Jurisdição e a Reforma do Código de Processo Civil*. São Paulo: Atlas, 2006, p. 144.

pio da economia processual. Diante disso, não há razão para subtrair ao julgador e aos advogados a confiança em suas condutas.[397]

Há mais de meio século Buzaid já questionava a manutenção da apelação necessária,[398] tanto que não a contemplou no Anteprojeto do CPC de 1973.

Perdeu o legislador, na visão de Marcato,[399] mais uma oportunidade de eliminação ou ao menos de aperfeiçoamento do reexame necessário, afastando, por exemplo, a proibição da *reformatio in pejus* contra o Poder Público, prevista na Súmula 45 do STJ, para a qual "no reexame necessário, é defeso, ao Tribunal, agravar a condenação imposta à Fazenda Pública".

Assentou-se o entendimento na doutrina de que o reexame necessário se limita aos casos em que há julgamento de mérito. Cabe verificar se a inclusão do § 3º ao art. 515 (julgamento *per saltum*) se aplica ao reexame necessário.

Tal inserção legal, justifica Azem, não intencionou abrandar a remessa obrigatória, que também foi reformada pela mesma lei sem que o legislador tivesse feito apontes específicos a ela quanto ao dispositivo acima. Por certo, afirma,

> ao aplicar o art. 515, § 3º, do CPC, em desfavor da Fazenda Pública, a decisão contrária ao ente público surgiria somente na segunda instância, ou seja, em acórdão, decisão que não seria condicionada à remessa obrigatória. O próprio caráter facultativo da regra colide com a obrigatoriedade prevista no art. 475, I, argumento que reforça o raciocínio ora esposado. [...] ... a possibilidade prevista no art. 515, § 3º, do CPC, não se aplica quando o recurso de apelação for movido em face da Fazenda Pública. Descabe ao tribunal, nesses casos, adentrar no mérito da deman-

---

[397] Portanova, Rui. *Princípios do Processo Civil*. 5. ed. Porto Alegre. Livraria do Advogado. 2003, p. 269.

[398] Buzaid, Alfredo. *Da Apelação* ex officio *no sistema do Código de Processo Civil*. São Paulo: Saraiva, 1951, p. 35.

[399] Marcato, Ana Cândida Menezes. *O Princípio do Duplo Grau de Jurisdição e a Reforma do Código de Processo Civil*. São Paulo: Atlas, 2006, p. 145. Ver Barioni, Rodrigo. A proibição da *reformatio in peius* e o art. 515, § 3º do CPC. In *Aspectos polêmicos e atuais dos recursos cíveis e de outros meios de impugnação às decisões judiciais*. coordenação Nelson Nery Jr. e Teresa Arruda Alvim Wambier. São Paulo: Revista dos Tribunais, 2005. (Série aspectos polêmicos e atuais dos recursos; v. 8), p. 693-722; Ver Lopes, Bruno Vasconcelos Carrilho. In Aspectos *polêmicos e atuais dos recursos cíveis e de outros meios de impugnação às decisões judiciais*. coordenação Nelson Nery Jr. e Teresa Arruda Alvim Wambier. São Paulo: Revista dos Tribunais, 2005. (Série aspectos polêmicos e atuais dos recursos; v. 8), p. 35-60.

da, sendo o caso de se determinar a remessa dos autos à instância de origem, para que julgue a lide conforme seu livre e motivado convencimento.[400]

Neste sentido se manifestou o STJ:

> Há jurisprudência nesta Corte no sentido de que, tratando-se de questão eminentemente de direito e estando a causa em condições de imediato julgamento, deve ser aplicada à espécie a Teoria da Causa Madura, consagrada no art. 515, § 3º, do CPC, prestigiando-se, assim, os princípios da celeridade, da economia processual e da efetividade do processo, informadores do Direito Processual Civil moderno. Todavia, no caso dos autos, a r. sentença foi devolvida ao TRF da 3ª Região, por força de apelação interposta pelas empresas e de remessa oficial. Desse modo, os autos devem retornar ao Tribunal de origem, a fim de que esse proceda ao reexame necessário das demais questões decididas na r. sentença em desfavor da autarquia federal, nos termos do art. 475, I, do CPC. Isso porque somente àquela Corte compete o reexame da sentença nas questões em que restou sucumbente a Fazenda Pública, para dar efetividade ao duplo grau de jurisdição, sob pena de o julgamento deste Superior Tribunal de Justiça ensejar supressão de instância.[401]

Pedro Dias de Araújo Júnior,[402] por sua vez, não vislumbra "qualquer possibilidade de impedimento de julgamento de *causa madura*, na hipótese do art. 515, § 3º, *contra a Fazenda Pública*, eis que inexiste comando normativo específico determinando que, estando a causa em condições de julgamento, tenha que retornar ao juízo de primeiro grau para sofrer reexame necessário pela mesma câmara cível que já estava, anteriormente, preparada para julgar a causa", posição esta que parece mais juridicamente aceitável.

Na atual hipótese, de acordo com o pensamento de Cheim Jorge, Didier Jr e Marcelo Abelha, deixa de existir a remessa necessária ou o duplo grau de jurisdição obrigatório, estando o dispositivo livre de inconstitucionalidade "pois o § 3º do art. 515 encontra-se na mesma hierarquia que o art. 475, sendo-lhe posterior. De fato, por opção legislativa em tal circunstância não mais terá incidência a figura da remessa necessária".[403]

---

[400] Azem, Guilherme Beux Nassif. *A Fazenda Pública e o art. 515, § 3º, do CPC*. Disponívem em http://www.tex.pro.br/wwwroot/01de2005/afazendapublicaeo_guilherme_azem.htm Acesso em 20.10.2008.

[401] 1ª T. do STJ, REsp 738.913/SP, 08/08/06, Rel. Min. Denise Arruda, DJ 31.08.2006 p. 221.

[402] Araújo Junior. Pedro Dias de. *Aspectos cruciais na interpretação do reexame necessário após a reforma processual* Disponível em http://www.pge.se.gov.br/modules/wfdownloads/visit.php?cid=1&lid=15. Acesso em 20.10.2008.

[403] Jorge, Flávio Cheim; Didier Jr, Fredie; Rodrigues, Marcelo Abelha. A nova reforma processual. 2. ed. São Paulo: Saraiva, 2003, p. 150.

3.5. JULGAMENTO DO MÉRITO EM APELAÇÃO DE SENTENÇA TERMINATIVA – ART. 515, § 3º, DO CPC

Problemática tem sido levantada quanto à existência ou não de violação ao princípio do duplo grau de jurisdição na prescrição legal incluída no § 3º do art. 515 do CPC pela Lei 10.352/01.

Antes da inclusão do parágrafo a ser analisado, em caso de provimento de apelação contra sentença que julgava o processo sem julgamento do mérito, o feito retornava[404] ao primeiro grau, que deveria apreciar o mérito da demanda.

Buscando, de imediato, desmitificar o dispositivo, Mendes da Silva[405] destaca que este já esteve presente em nosso e em outros sistemas, caindo por terra, na sua visão, eventuais argumentos segundo os quais a ampla devolutividade aos tribunais configurar-se-ia numa impropriedade, ou violação aos princípios processuais, ou ainda má opção legislativa.

Mallet verifica que a previsão do § 3º já constava nas Ordenações Filipinas,[406] que impunham como regra o imediato julgamento do mérito da causa no caso de reforma de sentença terminativa, afastando a devolução dos autos ao juiz de primeiro grau para novo julgamento. Somente em casos excepcionais, e por requerimento das partes, é que prevalecia solução diversa. O Código de Processo

---

[404] 6ª T. do STJ, EDcl no REsp 227777 – PE, 07.06.2001, Rel Min. Hamilton Carvalhido, DJ 17.09.2001 p. 200.

[405] Mendes da Silva, Marcio Henrique. Tentativa de Sistematização do Efeito Devolutivo dos Recursos: Perspectiva de Interpretação Instrumental. *Revista IOB de Direito Civil e Processual Civil*. Porto Alegre: Síntese, v.8, n. 44, nov./dez., 2006, p.123.

[406] Livro III, Título LXVIII, *principio*, das Ordenações Filipinas: "Quando alguma das partes appellar da sentença, que contra elle fôr dada (...) e depois que o feito fôr concluso, vejamno os Julgadores, a que o conhecimento de tal appellação pertencer; e se fôr appellado da sentença interlocutória, e acharem que foi bem appellado e que o appellante foi aggravado pelo Juiz, assi o determinam, e não mandem tornar o feito ao Juiz, de que foi appellado, mas vão por elle em diante, e o determinem finalmente, como acharem por Direito, salvo se o appellante e o appellado ambos requererem, que se torne o feito á terra perante o Juiz, de que foi appellado, porque então se tornará, e será assinado a termo, a que o vão lá seguir". Mallet, Estêvão. Reforma da sentença terminativa e julgamento imediato do mérito (Lei 10.352). In *Aspectos polêmicos e atuais dos recursos cíveis e de outros meios de impugnação às decisões judiciais*. coordenação Nelson Nery Jr. e Teresa Arruda Alvim Wambier. São Paulo: Revista dos Tribunais, 2003. (Série aspectos polêmicos e atuais dos recursos; v. 7), p. 184-185.

da Bahia[407] também sustentou tal diretriz. Refere ainda o autor que sistemas alienígenas, como o francês, português e chileno, já apresentavam tal ideia.[408]

Valemo-nos da doutrina de Barbosa Moreira[409] para identificação dos pressupostos de aplicação do § 3º do art. 515, a saber: a) é preciso, obviamente, que a apelação seja admissível; se não o for, a única possível atitude do órgão *ad quem* será a de não conhecer do recurso, e nisso se exaurirá sua atividade cognitiva; b) a sentença apelada deve ser *válida*; se o tribunal lhe achar vício invalidante, tem de declará-la nula e devolver os autos à primeira instância, para que outra se profira (exemplo: incompetência absoluta do juiz que a prolatou); c) é mister que, aos olhos do órgão *ad quem*, não exista (ou já não subsista) o impedimento visto pelo órgão *a quo* ao exame do mérito, nem qualquer outro, conhecível de ofício ou alegado e rejeitado, mas não precluso (exemplo: o juiz deu pela ilegitimidade *ad causam* do autor, e o tribunal discorda, porém verifica existir coisa julgada); d) que a causa verse questão exclusivamente de direito; e) que ela esteja "em condições de imediato julgamento".[410]

A melhor interpretação para o dispositivo em comento deve ser feita em consonância com o art. 330, I, do CPC, que trata do julgamento antecipado da lide. Essa interpretação, na lição de Mendes da Silva, "possibilita ao tribunal decidir o mérito da causa quando esta versar sobre questões exclusivamente de direito, bem como sobre questões de fato cujas provas já tenham sido produzidas, encontrando-se a causa 'madura',[411] incluindo-se também a possibilidade

---

[407] "Art. 1290: Tendo o juiz de primeira instância deixado, por qualquer motivo, de julgar a causa *de meritis*, a turma ou o juiz da appellação, si entender que isto não obsta que se conheça do pedido, julgará a causa definitivamente".

[408] Mallet, Estêvão. Reforma da sentença terminativa e julgamento imediato do mérito (Lei 10.352). In *Aspectos polêmicos e atuais dos recursos cíveis e de outros meios de impugnação às decisões judiciais*. coordenação Nelson Nery Jr. e Teresa Arruda Alvim Wambier. São Paulo: Revista dos Tribunais, 2003. (Série aspectos polêmicos e atuais dos recursos; v. 7), p. 184-186.

[409] Barbosa Moreira, José Carlos. *Comentários ao Código de Processo Civil.* v. 5. 12. ed. Rio de Janeiro: Forense, 2005, 432-433.

[410] Para Barbosa Moreira "teria sido preferível que se adotasse aqui, com as devidas adaptações, a fórmula relativa ao julgamento antecipado da lide, consoante do art. 330, nº I: 'quando a questão suscitada no recurso for unicamente de direito ou, sendo de direito e de fato, não houver necessidade de produzir prova em audiência'". *Comentários ao Código de Processo Civil.* v. 5. 12. ed. Rio de Janeiro: Forense, 2005, 433.

[411] 4ª T. do STJ, AgRg no Ag 867885 – MG, 25.09.2007, Rel. Min. Hélio Quaglia Barbosa, DJ 22/10/2007 p. 297.

de apreciação de fatos que dispensam produção de provas (como ocorre com os fatos incontroversos e outras hipóteses enumeradas no art. 334)".[412]

Como dito alhures, em regra, o órgão de reexame somente decidirá sobre o objeto do recurso de apelação, pois este "devolverá ao tribunal o conhecimento da matéria impugnada" (art. 515 do CPC). Assim, o órgão superior fiscaliza a construção[413] (realizada pelo primeiro grau), parcial ou totalmente, e só por exceção reconstrói (nulidade sanável, *ex vi* do art. 515, § 4º) ou constrói originariamente (art. 515, § 3º). Neste último caso, "à apelação interposta contra sentença terminativa, tanto que preenchidos os pressupostos do art. 515, § 3º, e haja vista expresso pedido do recorrente, o órgão *ad quem* julgará as questões de mérito de modo originário".[414]

Isso se justifica pela não existência obrigatória entre devolução e o julgamento do mérito no juízo *a quo*, "pois interposta a apelação contra sentença terminativa, por exemplo, há remessa e reexame da atividade do primeiro grau, no mínimo, até aquele ponto e, sob determinadas condições, a teor do art. 515, § 3º, o órgão *ad quem* ultrapassará o estágio em que o órgão *a quo* estancou sua cognição".[415]

No direito italiano, diferentemente do brasileiro, o instituto possui natureza jurídica de negócio em vez de ato jurídico, como asseverado por Francesco Luiso.[416]

---

[412] Mendes da Silva, Marcio Henrique. Tentativa de Sistematização do Efeito Devolutivo dos Recursos: Perspectiva de Interpretação Instrumental. *Revista IOB de Direito Civil e Processual Civil*. Porto Alegre: Síntese, v.8, n. 44, nov./dez., 2006, p.120-21.

[413] A metáfora da construção deve ser vista com temperamentos entre nós, sustenta Araken de Assis, uma vez que a "reconstrução" soa como demolição, o que não traduz a atividade do tribunal. *Manual dos Recursos*. São Paulo: Revista dos Tribunais, 2007, p. 220.

[414] Assis, Araken de. *Manual dos Recursos*. São Paulo: Revista dos Tribunais, 2007, p. 220.

[415] Idem, p. 222.

[416] "Il ricorso in cassazione *per saltum* è disciplinato dall'art. 360, ult. comma, c.p.c., il quale prevede che le sentenze di tribunale (quindi non tutte le sentenze di primo grado, ma solo quelle emesse dal tribunale) possono essere immediatamente ricorse in cassazione, saltando l'appello, se le parti si accordano in questo senso. Qui è previsto un negozio processuale; si tratta di una delle ipotesi (eccesionali) in cui l'atto processuale è un negozio, invece che un atto giuridico in senso stretto. In sostanza, le parti si accordano per deferire immediatamente alla Cassazione la decisione della controversia, senza passare per il tramite della corte d'appello". Luiso, Francesco P. *Diritto Processuale Civile*. II – Il Processo di Cognizione. Terza edizione. Milano: Giuffrè Editore, p. 394. Em tradução livre: O recurso em cassação *per saltum* é disciplinado no art. 360, último parágrafo do cpc o qual prevê que as sentenças dos tribunais (portanto não todas as sentenças de primeiro grau, mas somente aquelas emitidas

Quanto ao dispositivo, Araken de Assis posiciona-se no sentido de que

> à primeira vista, o art. 515, § 3º, mostra-se constitucional.[417] Não se extrai do texto maior, explícita ou implicitamente, a obrigação de toda a causa, nos seus mais variados aspectos, subordinar-se a duplo exame, nem há impedimento genérico à supressão de instância. O princípio do duplo grau carece de significação universal, *a priori*, resultando seu alcance dos elementos hauridos do direito posto.[418]

Embora a nova regra revele uma nítida exceção ao entendimento acerca do princípio do duplo grau de jurisdição, o dispositivo é constitucional, segundo Mendes da Silva, pois "concebido dentro da esfera de liberdade do legislador em delinear normativamente esse princípio, que se encontra implícito em nossa Constituição".[419]

É possível identificar neste regramento, como anteriormente afirmado por Notariano Junior,[420] um choque entre o princípio da efetividade e o duplo grau de jurisdição, podendo este ser excepcionado e suprimido para prevalecer outro princípio de maior importância, em situações justificadas. Neste sentido, para Mallet, "a possibilidade de julgamento imediato do mérito, em caso de reforma de sentença terminativa, não conflita, de modo algum, com a regra do duplo grau de jurisdição, ao menos nos termos em que ela é tradicionalmente concebida no direito brasileiro, a qual, ademais,

---

pelo tribunal) podem ser imediatamente recorridas em cassação, pulando a apelação, se as partes concordam neste sentido. Aqui é previsto um negócio processual; trata-se de uma das hipóteses (excepcionais) no qual o ato processual é um negócio ao invés de um ato jurídico em sentido estrito. Em suma, as partes se ajustam para deferir imediatamente à Cassação a decisão da controvérsia sem passar pelo trâmite da corte de apelação.

[417] Apenas a título de referência, transcreve-se, sobre o assunto, parte da exposição de motivos do anteprojeto que criou a Lei 10.352: "Cuida-se de sugestão que valoriza os princípios da instrumentalidade e da efetividade do processo, permitindo-se ao tribunal o julgamento imediato do mérito, naqueles casos em que o juiz não o tenha apreciado, mas, sendo a questão exclusivamente de direito, a causa já esteja em condições de ser inteiramente solucionada. Anota-se que o duplo grau não é imposição constitucional". Disponível em http://bdjur.stj.gov.br/dspace/bitstream/2011/1906/4/Prosseguimento_Reforma_Processual.pdf. Acesso em 13.07.08.

[418] Assis, Araken de. *Manual dos Recursos*. São Paulo: Revista dos Tribunais, 2007, p. 395.

[419] Mendes da Silva, Marcio Henrique. Tentativa de Sistematização do Efeito Devolutivo dos Recursos: Perspectiva de Interpretação Instrumental. *Revista IOB de Direito Civil e Processual Civil*. Porto Alegre: Síntese, v.8, n. 44, nov./dez., 2006, p.118.

[420] Notariano Junior, Antonio de Pádua. O duplo grau e o § 3º do art. 515 do CPC, introduzido pela Lei 10.352/2001. *Revista de Processo*, v. 114, São Paulo, RT, 2004, p. 190.

não exterioriza desdobramento necessário da garantia constitucional do devido processo legal".[421]

Ressalte-se que o princípio do duplo grau de jurisdição não é avesso à efetividade,[422] pelo contrário, quando bem manejado, obrará em prol deste, funcionando como mecanismo de desenvolvimento do sistema recursal.

O legislador inseriu o § 3º ao art. 515 do CPC no afã de maior simplificação, agilização e efetividade do processo, objetivando evitar que causas aptas a serem decididas nos tribunais sejam reenviadas ao primeiro grau para julgamento, "retardando, assim, por fetiche a formalismos desnecessários, a tutela jurisdicional".[423] Para Dinamarco, a supressão de um grau jurisdicional recebe legitimidade sistemática e constitucional, objetivando acelerar a oferta da tutela e minimizando os óbices que nada acrescentam à boa qualidade desta.[424]

O STJ, contudo, não tem aceito a aplicação do dispositivo quando a sentença hostilizada enfrentou o mérito, pois o requisito é a extinção sem o julgamento deste. Sendo reconhecido pelo tribunal, por exemplo, que a sentença desrespeitou o contraditório e a ampla defesa, a nulidade daquela determina o retorno dos autos ao juízo de origem, sob pena de violação ao princípio do duplo grau de jurisdição.[425]

Para Bedaque, opta o legislador pela celeridade ao ampliar a extensão do efeito devolutivo da apelação, uma vez que a "possibilidade de o Tribunal passar ao plano do direito material em sede de apelação, se afastada a extinção do processo sem julgamento de

---

[421] Mallet, Estêvão. Reforma da sentença terminativa e julgamento imediato do mérito (Lei 10.352). In Aspectos polêmicos e atuais dos recursos cíveis e de outros meios de impugnação às decisões judiciais. coordenação Nelson Nery Jr. e Teresa Arruda Alvim Wambier. São Paulo: Revista dos Tribunais, 2003. (Série aspectos polêmicos e atuais dos recursos; v. 7), p. 184.

[422] 1ª T. do STJ, REsp 523.904 – SP, 04.11.2003, Rel. Min. Teori Albino Zavascki, DJ 24.11.2003, p. 226.

[423] Mendes da Silva, Marcio Henrique. Tentativa de Sistematização do Efeito Devolutivo dos Recursos: Perspectiva de Interpretação Instrumental. *Revista IOB de Direito Civil e Processual Civil*. Porto Alegre: Síntese, v.8, n. 44, nov./dez., 2006, p.118.

[424] Dinamarco, Cândido Rangel. *Instituições de direito processual civil*. v. 1, 5. ed. rev. e atual. São Paulo: Malheiros Editores, 2005, p. 261. No mesmo sentido Câmara, Alexandre Freitas. *Lições de Direito Processual Civil II*. 14. ed. rev. e atual. até a Lei nº 11.419/2006. Rio de Janeiro: Lumen Juris, 2007, p. 94.

[425] 3ª T. do STJ, REsp 877612 – MG, 20.05.2008, Rel. Min. Massami Uyeda, Dje 08.10.2008.

mérito, constitui *escolha* do sistema, que *optou* pela celeridade processual, em detrimento do duplo grau de jurisdição". Neste sentido, o princípio do duplo grau, mesmo inerente ao sistema, não é "dogma intangível" por não se vislumbrar qualquer prejuízo para as partes.[426]

A inclusão legislativa inspirada na *economia processual* garante sua constitucionalidade, assevera Scarpinella Bueno, mormente pela chancela dada pela EC 45/2004.[427] Fato que demonstra ter a mudança legislativa objetivado quase que exclusivamente a celeridade é a fundamentação utilizada pelos tribunais para justificar tal lei. Anteriormente, dizia-se que o retorno dos autos ao primeiro grau para julgamento do mérito era feito para evitar "supressão de instância".[428] Atualmente, diz-se que poderá adentrar no mérito "sem que isso implique supressão de instância".[429] Interpreta-se o sistema de acordo com a evolução social, com os anseios da comunidade e com as conveniências existentes.

O importante, segundo Vaz,[430] é que o novo regramento aboliu a chamada "supressão de instância", ou seja, "suprimiu, para as hipóteses previstas, o duplo grau de jurisdição, e, segundo o Pretório Excelso, pode a lei infraconstitucional reduzir um grau de jurisdição, sem implicar inconstitucionalidade".

Segundo Barbosa Moreira,[431] "ampliou-se o efeito devolutivo da apelação e, do mesmo passo, tornou-se inevitável a revisão das

---

[426] Bedaque, José Roberto dos Santos. Apelação: Questões sobre admissibilidade e efeitos. In *Aspectos polêmicos e atuais dos recursos cíveis e de outros meios de impugnação às decisões judiciais.* coordenação Nelson Nery Jr. e Teresa Arruda Alvim Wambier. São Paulo: Revista dos Tribunais, 2003. (Série aspectos polêmicos e atuais dos recursos; v. 7), p. 453-454.

[427] Bueno, Cássio Scarpinella. Efeitos dos Recursos. In *Aspectos polêmicos e atuais dos recursos cíveis e de outros meios de impugnação às decisões judiciais.* coordenação Nelson Nery Jr. e Teresa Arruda Alvim Wambier. São Paulo: Revista dos Tribunais, 2006. (Série aspectos polêmicos e atuais dos recursos; v. 10), p. 83.

[428] 5ª T. STJ, REsp 251698 – CE, 15.08.2000, Rel. Min. José Arnaldo da Fonseca, DJ 25.09.2000 p. 131.

[429] 2ª T. STJ, REsp 729589 – PR, 26.08.2008, Rel. Min. Mauro Campbell Marques, DJe 24.09.2008.

[430] Vaz, Paulo Afonso Brum. Breves considerações acerca do novo § 3º do art. 515 do CPC. *Revista de Processo,* v. 134, São Paulo, RT, 2006, p. 89/96.

[431] Barbosa Moreira, José Carlos. *Comentários ao Código de Processo Civil.* v. 5. 12. ed. Rio de Janeiro: Forense, 2005, 432. O autor lembra que "no sistema originário do Código, se se tratasse de sentença *terminativa* – isto é, de decisão que pusera fim ao procedimento de primeiro grau

ideias correntes acerca do princípio do duplo grau de jurisdição – que, repita-se, não está definido em texto algum, nem tem significação universal fixada *a priori*: seu alcance será aquele que resulta do exame do *ius positum*, e portanto discutir se o infringe ou não disposição legal como a que ora se comenta é inverter os termos da questão".

A inclusão do § 3º ao art. 515 do CPC, para Notariano Junior, não se trata de infringência ou não ao duplo grau de jurisdição, e sim, de matéria atinente à competência, tendo sido conferida, pelo novo dispositivo, ao tribunal para que julgue o mérito da causa pela primeira vez. Sendo a competência funcional, esta é absoluta e de ordem pública.[432]

Pela inconstitucionalidade do dispositivo, manifesta-se Borges, sob o argumento de que suprime um grau de jurisdição. Em sua análise, a sentença, por ser terminativa e ter encerrado o processo sem julgar o pedido (a demanda), não houve apreciação do mérito. Ingressando o tribunal na análise deste e decidindo-o, julgará em único grau a matéria que não é de sua competência originária.[433]

Sempre que violado o duplo grau de jurisdição, resta inquinada a norma de inconstitucionalidade, assegura Fábio Oliveira.[434] Não é o caso do § 3º do art. 515, eis que a concretização do seu conteúdo "não exige que uma mesma questão seja examinada consecutivamente por dois órgãos distintos, mas que, em primeiro grau, ela fosse passível de julgamento".

---

sem julgar o mérito –, não era lícito ao órgão *ad quem* passar incontinenti ao exame deste, na hipótese de ser provida a apelação. Seria infringir o princípio do duplo grau, tal como se configurava pela conjugação do art. 515, *caput*, com o art. 463, do qual resultava que, não se tendo pronunciado *de meritis*, o juiz *a quo* não chegara a 'cumprir e acabar seu ofício jurisdicional'. O provimento da apelação, nesse caso, acarretaria a restituição dos autos ao órgão inferior, para que desse prosseguimento ao processo." p. 431-432.

[432] Notariano Junior, Antonio de Pádua. *O duplo grau e o § 3º do art. 515 do CPC*, introduzido pela Lei 10.352/2001. Revista de Processo, v. 114, São Paulo, RT, 2004, p. 199.

[433] Borges, Marcos Afonso. Alterações no Código de Processo Civil oriundas das Leis 10.352, de 26.12.2001, e 10.358, de 27.12.2001. *Revista de Processo*, v. 106, São Paulo, RT, 2002, p. 183. No mesmo sentido Hommerding, Adalberto Narciso. O § 3º do art. 515 do Código de Processo Civil: uma análise à luz da filosofia hermenêutica (ou hermenêutica filosófica) de Heidegger e Gadamer. Revista da Ajuris, v. 91, Porto Alegre, set/2003, p. 55.

[434] Oliveira, Fábio César dos Santos. O art. 515, § 3º, do CPC e o combate à dilação processual indevida. *Revista de Processo*, v. 115, São Paulo: RT, 2004, p. 142.

Não resta ofendida qualquer norma constitucional com a inclusão do § 3º do art. 515, ressalta Joana Pereira, uma vez que o duplo grau de jurisdição está apenas arraigado nas consciências jurídicas e esse é seu nível de importância. Sendo assim, a alteração promovida ofende apenas o hábito, e a relevância equivocada do duplo grau acaba por ofuscar outros princípios como a celeridade e a economia processual.[435]

Bandeira de Melo considera tratar-se de caso de supressão total do princípio, não geral, mas em situação específica, do duplo grau de jurisdição, pois reconhece este como duplo exame sobre o mérito.[436] A inovação não fere a Constituição, leciona o autor,[437] mas harmoniza o sistema processual com a realidade do seu tempo no momento em que diminui o princípio do duplo grau de jurisdição. Haverá, quanto ao mérito, a supressão de um grau de jurisdição em situação específica, e não de modo geral, cuja ocorrência padeceria de inconstitucionalidade.

Em monografia específica sobre o dispositivo em comento, Lopes da Silva Jr. entende inicialmente que a feição do duplo grau de jurisdição é moldada pela legislação infraconstitucional, como, por exemplo, o § 3º do art. 515 e, mesmo sendo corolário do devido processo legal, rechaça-se suposta inconstitucionalidade do julgamento *per saltum*. Não ofenderia

> nem de longe, o duplo grau de jurisdição. Isso porque podemos considerar que o dito dispositivo participaria da delimitação do alcance deste tradicional princípio, cujo conteúdo somente se definiria com o exame do direito positivo a viger em dada ocasião. Ou, então, porque representaria o resultado prático de atualizada concepção da duplicidade de graus jurisdicionais, surgida de uma silenciosa, mas operante, mutação constitucional. Ou, finalmente, porque representaria o reflexo da ponderação executada pelo legislador para solução de choque havido entre a segurança jurídica e a adequação temporal do processo.[438]

---

[435] Pereira, Joana Carolina Lins. *Recursos de apelação*: amplitude do efeito devolutivo. 1ª ed. (ano 2003), 4ª reimpr. Curitiba: Juruá, 2008, p. 224.

[436] Bandeira de Melo, Ricardo Procópio. Princípio do Duplo Grau de Jurisdição: Garantia Constitucional, extensão e algumas notas sobre o § 3º do art. 515 do CPC. In *Aspectos polêmicos e atuais dos recursos cíveis e de outros meios de impugnação às decisões judiciais*. coordenação Nelson Nery Jr. e Teresa Arruda Alvim Wambier. São Paulo: Revista dos Tribunais, 2005. (Série aspectos polêmicos e atuais dos recursos; v. 8), p. 682.

[437] Idem, p. 680-682.

[438] Silva Jr., Gervásio Lopes da. *Julgamento Direto do Mérito na Instância Recursal (art. 515, § 3º, CPC)*. Salvador: JusPODIVM, 2007, p. 80.

Adverte, contudo, que tal julgamento não pode ser feito monocraticamente, mas necessariamente em sessão colegiada.[439]

Segundo Porto e Ustárroz,[440] a autorização ao Tribunal para que, em casos excepcionais, pronuncie-se sobre tópico diverso da decisão recorrida alarga o efeito devolutivo do recurso de apelação, permitindo que aquele julgue o mérito sempre que o juízo singular pudesse fazê-lo. Assim, "tal exceção não é suficiente para descaracterizar a constitucionalidade do duplo grau, muito embora reconheçamos que esta previsão o mitiga em prol de outros princípios".

Considera-se, portanto, não ferido o princípio do duplo grau de jurisdição, uma vez que, considerando o seu conceito anteriormente formulado, duas decisões foram dadas sobre a demanda, independente de serem ou não de mérito. O dispositivo, portanto, não é inconstitucional, mas adequado ao sistema do duplo grau.

3.6. SÚMULA IMPEDITIVA DE RECURSO DE APELAÇÃO – ART. 518, § 1º, DO CPC

A Lei 11.276/06 acrescentou o § 1º ao art. 518, o qual prescreve que o "juiz não receberá o recurso de apelação quando a sentença estiver em conformidade com súmula do Superior Tribunal de Justiça ou do Supremo Tribunal Federal".

Referida norma aproxima, em certa medida, o sistema brasileiro (*civil law*) com o americano (*common law*) ao conferir grande importância aos precedentes jurisprudenciais.[441]

---

[439] Silva Jr., Gervásio Lopes da. *Julgamento Direto do Mérito na Instância Recursal (art. 515, § 3º, CPC)*. Salvador: JusPODIVM, 2007, p. 166.

[440] Porto, Sérgio Gilberto; Ustárroz, Daniel. *Manual dos Recursos Cíveis*: atualizado com as reformas de 2006 e 2007. 2. ed. rev. e ampl. Porto Alegre: Livraria do Advogado, 2008, p. 147.

[441] Nunes, Dierle José Coelho. Comentários acerca da súmula impeditiva de recursos (Lei 11.276/2006) e do julgamento liminar de ações repetitivas (Lei 11.277/2006) – Do duplo grau de jurisdição e do direito constitucional ao recurso (contraditório sucessivo). *Revista de Processo*, v. 137, São Paulo, RT, 2006, p. 179. O autor adverte: "fala-se em 'aproximação' pois o sistema brasileiro de súmulas não pode ser comparado com o sistema anglo-americano de *cases*, pois lá se procura uma identificação discursiva de aspectos entre a causa em exame e o precedente, inclusive nos aspectos fáticos, em uma discussão rica. Já o sistema de súmulas, de verbetes curtos e objetivos, supostamente estabeleceria apenas uma 'aplicação mecânica' por parte do julgador, sem levar em consideração todo o suporte de discussão, mesmo jurídico, que conduziu o tribunal a tomar determinado posicionamento.". No mesmo sentido, Cadore, Márcia Regina Lusa. *Súmula vinculante e uniformização de jurisprudência*. São Paulo: Atlas, 2007, p. 222.

Um dos objetivos de tal regramento é permitir o não conhecimento do recurso de apelação no primeiro grau quando a matéria da sentença estiver pacificada em súmula dos tribunais superiores, atividade que antes somente cabia ao segundo grau.

A efetividade do processo, no pensamento do legislador, parece concretizar-se com a restrição ao direito de recorrer. Esta solução, de acordo com Destefenni, é simplista e não pensa no Poder Judiciário como carente de estrutura adequada para agilização dos trâmites procedimentais. Além disso, é inquestionável que a vigência de uma lei ou edição de súmula não esgotam o direito.[442]

Não é caso de ausência de requisito de admissibilidade, asseguram Medina e Teresa Wambier,[443] pois a verificação da consonância da sentença com súmula é verdadeiro juízo de mérito do recurso.

Vislumbra-se, tecnicamente falando, para Porto e Ustárroz, ser a falta de interesse, a causa para inadmisssibilidade do recurso, uma vez ausente a utilidade da impugnação, cujo resultado insatisfatório pode ser antevisto. Há, contudo, necessidade de se ter cuidado para que as reformas não atropelem o procedimento a pretexto de celeridade na prestação jurisdicional, sob pena de grave dano ao sistema recursal. Isso significa que a atividade realizada pelo juiz que proferiu a sentença, quando aplica o disposto na norma em epígrafe, não deve ser considerada como julgamento do recurso – apesar de que ingressa invariavelmente no mérito recursal – mas deve ser considerada uma verificação dos pressupostos de admissibilidade,[444] conhecendo-se ou não do recurso e não provendo ou desprovendo o mesmo.

A norma também não exige que a súmula em que se funda a sentença tenha força "vinculante" e estas súmulas nem sempre re-

---

[442] Destefenni, Marcos. *Curso de Processo Civil*. v. 1. Processo de Conhecimento e Cumprimento de Sentença. São Paulo: Saraiva, 2006, p. 584.

[443] Medina, José Miguel Garcia; Wambier, Teresa Arruda Alvim. *Recursos e ações autônomas de impugnação*. São Paulo: Revista dos Tribunais, 2008 (Processo civil moderno; v. 2), p. 133.

[444] Porto, Sérgio Gilberto; Ustárroz, Daniel. *Manual dos Recursos Cíveis*: atualizado com as reformas de 2006 e 2007. 2. ed. rev. e ampl. Porto Alegre: Livraria do Advogado, 2008, Nota de rodapé nº 199, p. 123.

velam entendimento sedimentado, pelo contrário, muitas vezes são abandonadas pela evolução da opinião jurisprudencial.[445]

Theodoro Júnior alerta para o fato de que o trancamento da apelação deve pressupor fidelidade total entre sentença e súmula do STJ ou STF, e não apenas em parte da sentença, uma vez possível a existência de questões não adequadas à súmula e que admitem recurso.[446]

Anote-se que o que se vislumbra na concepção de Nunes[447] é "a constituição de um processo de cognição de grau único." Essa alteração processual trabalha basicamente sob o juízo de eficácia, isto é, para obter resultados práticos, num discurso de socialização do processo, reforçando os poderes do juiz, objetivando maior celeridade, mas, "sem maiores preocupações com a adequação ao modelo constitucional de processo".

Na lição de Fonseca, a norma é cogente no sentido de ordenar ao juiz o não recebimento da apelação quando a sentença amparar-se em súmula do STJ ou STF. A intenção da norma é, sob pena de esvaziá-la, que o juiz, ocorrendo a prescrição legal, não conheça do recurso.[448]

Medina e Teresa Wambier entendem que não é possível aplicar-se o § 1º do art. 518 se o recurso de apelação discutir a aplicação da súmula, pois o não conhecimento da apelação afrontaria o princípio do duplo grau de jurisdição, uma vez que, ao juiz, bastaria fundamentar sua sentença em súmula para que, sempre, a apelação fosse inadmitida.[449]

É carente de dúvidas que tal instrumento judicial dificulta o acesso ao segundo grau de jurisdição, relativizando, mitigando

---

[445] Wambier, Luiz Rodrigues; Wambier, Tereza Arruda Alvim; Medina, José Miguel Garcia. *Breves comentários à nova sistemática processual civil, II*: Leis 11.187/2005, 11.232/2005, 11.276/2006, 11.277/2006 e 11.280/2006. São Paulo: Revista dos Tribunais, 2006, p. 227.

[446] Theodoro Júnior, Humberto. *Curso de direito processual civil*. 39. ed. v. 3. Rio de Janeiro: Forense, 2006., p. 660.

[447] Nunes, Dierle José Coelho. Comentários acerca da súmula impeditiva de recursos (Lei 11.276/2006) e do julgamento liminar de ações repetitivas (Lei 11.277/2006) – Do duplo grau de jurisdição e do direito constitucional ao recurso (contraditório sucessivo). *Revista de Processo*, v. 137, São Paulo, RT, 2006, p. 173 e 179.

[448] Fonseca, Antonio Cezar Lima da. *Breves anotações sobre a nova lei recursal*: Lei 11.276/2006. Revista de Processo, v. 137, São Paulo, RT, 2006, p. 149.

[449] Medina, José Miguel Garcia; Wambier, Teresa Arruda Alvim. *Recursos e ações autônomas de impugnação*. São Paulo: Revista dos Tribunais, 2008 (Processo civil moderno; v. 2), p. 134.

tal princípio constitucional.[450] Não se trata, entretanto, verdadeiramente, de uma poda brutal[451] ao duplo grau de jurisdição, pois que eventual decisão prejudicial resultante do ato do juiz é passível de ser atacada via agravo de instrumento,[452] o que permite levar a discussão ao segundo grau.

3.7. DECISÕES MONOCRÁTICAS EM JUÍZOS COLEGIADOS

A concepção de tribunal dada pela língua portuguesa é aquela que o estabelece como órgão colegiado constituído de juízes de segunda instância (desembargadores), com jurisdição comum, subdividido em seções, câmaras ou turmas, e competente para julgar os recursos das decisões de primeira instância e as causas originárias que lhe são reservadas por lei.[453]

Tribunal, no conceito do Direito Processual brasileiro é somente o *órgão judicante coletivo*, isto é, o *grupo*, ou *colégio de juízes*, a que se comete jurisdição para administrar a justiça, em determinado território, assim se distinguindo dos órgãos judiciários singulares, constituídos pelos juízes.[454] A deliberação conjunta é um dos próprios motivos que justificam a existência de tribunais.[455]

---

[450] STJ, Ag 965.937 – DF, 01.10.2008, Rel. Min. Sidnei Beneti.

[451] Como refere Santos, Vanessa Flávia de Deus Queiroz. *As consequências constitucionais da súmula impeditiva de recursos (lei 11.276/2006)*. Disponível em http://www.planalto.gov.br/ccivil_03/revista/Rev_82/MonoDisTeses/VanessaFlavia.pdf. Acesso em 01.11.2008.

[452] Alexandre Freitas Câmara atenta ao fato de que "incumbirá aos Tribunais considerar que a interposição do agravo de instrumento (nos casos em que o juiz tenha acertado ao não receber a apelação, evidentemente) constitui litigância de má-fé, na forma do disposto no art. 17, VI e VII, do CPC, condenando o recorrente nas sanções adequadas, pois só assim se conseguirá alcançar o objetivo da norma processual, que é fazer com que processos decididos nos termos da súmula do STJ ou STF sejam apreciados em um único grau de jurisdição". *Lições de Direito Processual Civil II*. 14. ed. ver. e atual. até a Lei nº 11.419/2006. Rio de Janeiro: Lumen Juris, 2007, p. 91.

[453] Aurélio, *Novo Dicionário Eletrônico*. Versão 5.0, que corresponde à 3. ed. 1ª. impressão da Positivo, revista e atualizada do Aurélio Século XXI, 2004. Ver Carvalho, Fabiano. Julgamento unipessoal do mérito da causa por meio da apelação: interpretação dos arts. 557 e 515, § 3º, ambos do CPC. Revista de Processo. São Paulo: RT. Ano 32, n. 144, 2007.

[454] Silva, de Plácido e. *Vocabulário Jurídico*. atualizadores: Nagib Slaibi Filho e Gláucia Carvalho. Rio de Janeiro: Forense, 2003, p. 1431. (grifos no original)

[455] Talamini, Eduardo. *Decisões individualmente proferidas por integrantes dos tribunais*: legitimidade e controle ("agravo interno"). Processo civil: Leituras complementares. Fredie Didier Junior (org). 4. ed. Salvador: JusPODIVM, 2006, p. 65.

Noutros tempos, os tribunais tinham, na sua colegialidade, o modo de resolução dos recursos a cada qual remetidos, além do julgamento das ações de sua competência originária.

É o que disse Pontes de Miranda com habitual propriedade:

> A regra, para os recursos, é a colegialidade das decisões. Quer dizer: a pluralidade de julgadores, com o fim político de assegurar diversos exames no mesmo tempo, além do duplo ou múltiplo exame, no tempo, pelo juiz do primeiro grau e os demais juízes superiores. A ciência ensina-nos, hoje, que a assembléia não nos veio da reflexão: foi a reflexão que veio da assembléia. Portanto, o homem é que é produto da assembléia. Essa prioridade do exame múltiplo ao mesmo tempo, em relação ao exame de um só, se transforma em superioridade sempre que desejamos maior certeza. A colegialidade para a decisão dos recursos obedece a esse pendor íntimo do homem quando se deseja guiar pela 'razão'.[456]

O princípio da colegialidade das decisões definitivas dos Tribunais não pode ser negado como princípio constitucional do processo, ainda que implicitamente, ressalta Almeida,[457] como já teve oportunidade de se manifestar o STF ao dizer que "não podem os tribunais declinar de competência que a Constituição neles investiu, enquanto órgãos colegiados. Sobretudo, não podem, por meio de norma regimental, emprestar o atributo de decisão definitiva aos despachos dos seus membros".[458] Refere neste passo o autor que à ampliação de poderes do relator, há de corresponder, sob pena de inconstitucionalidade, a possibilidade de reexame do decidido mediante atuação do colegiado.

Ao longo dos tempos, outro panorama foi sendo construído e, contemporaneamente, muitas decisões proferidas nos tribunais, referentes aos recursos e causas por eles apreciados, originam-se de maneira monocrática.

Amparados na efetividade e na tendência e anseio de proporcionar celeridade aos processos, as reformas dos últimos anos têm, se não alterado, ao menos imprimido uma nova interpretação aos institutos processuais. Detectando os pontos de estrangulamento,

---

[456] Pontes de Miranda, Francisco Cavalcanti. *Comentários ao código de processo civil*. 4. ed. rev. atual. Rio de Janeiro: Forense, 1999. v. 7, p. 11.

[457] Almeida, José Antonio. O agravo e a ampliação dos poderes do relator. *In Aspectos polêmicos e atuais dos recursos cíveis e de outros meios de impugnação às decisões judiciais*. coordenação Nelson Nery Jr. e Teresa Arruda Alvim Wambier. São Paulo: Revista dos Tribunais, 2003. (Série aspectos polêmicos e atuais dos recursos; v. 7), p. 385.

[458] Pleno do STJ, REsp 1299 – GO, Representação de Inconstitucionalidade 21.08.1986, Rel. Min. Célio Borja, DJ 14.11.1986, p. 22148.

tem-se procurado superar obstáculos localizados nos domínios do aparato recursal, conferindo-lhe maior agilidade. Nesta senda, algumas claras opções (*v. g.* arts. 120, 532, 545 e 557 CPC) foram sendo feitas para ampliar os poderes do relator, possibilitando-lhe, conhecer ou não, além de dar ou não provimento a recursos que lhes são distribuídos, uma vez preenchidos certos requisitos.[459]

Tais reformas, sinaliza Carmona, procuraram aliviar a sobrecarga de recursos dos tribunais superiores e locais "potencializando a capacidade dos órgãos julgadores colegiados através da ampliação das funções dos relatores".[460]

Evidenciada tendência, adverte Lima, apenas mostra que o relator julga, mesmo garantido o acesso ao órgão colegiado, de modo que, pela influência dos precedentes, a decisão do relator equivale ao julgado pelo órgão fracionário competente.[461]

Com peculiar objetividade Tesheiner adverte que se vem quebrando a exigência de julgamentos colegiados nos graus superiores, substituindo-se um julgamento monocrático por outro igualmente monocrático, tudo em nome da efetividade e dinamismo, desprezando-se o valor justiça. Sustenta que "quanto maior o colegiado, tanto maior a probabilidade de o julgamento refletir os valores sociais. Julgamentos individuais são facilmente marcados por idiossincrasias e pelo arbítrio. Decididamente, o que se vê não é um progresso, mas o homem esmagado em nome da eficiência. A máquina como modelo para a administração da justiça".[462]

---

[459] Kukina, Sérgio Luiz. O princípio do duplo grau de jurisdição. *Revista de Processo.* São Paulo: RT. Ano 28, n. 109, 2003, p. 108.

[460] Carmona, Carlos Alberto. O sistema recursal brasileiro: breve análise crítica. In *Aspectos polêmicos e atuais dos recursos cíveis e de outros meios de impugnação às decisões judiciais.* coordenação Nelson Nery Jr. e Teresa Arruda Alvim Wambier. São Paulo: Revista dos Tribunais, 2000. (Série aspectos polêmicos e atuais dos recursos), p. 47.

[461] Lima, Patrícia Carla de Deus. Sobre o julgamento monocrático dos embargos de declaração, nos tribunais, de acordo com a regra do art. 557 do CPC. In *Aspectos polêmicos e atuais dos recursos cíveis e de outros meios de impugnação às decisões judiciais.* coordenação Nelson Nery Jr. e Teresa Arruda Alvim Wambier. São Paulo: Revista dos Tribunais, 2005. (Série aspectos polêmicos e atuais dos recursos; v. 8), p. 465. Para a autora consubstancia-se, assim, a criação de uma instância recursal autônoma, "que não está submetida hierarquicamente aos órgãos colegiados, possuindo, apenas, âmbito de atuação diverso." p. 480.

[462] Tesheiner, José Maria Rosa. *Razão de ser dos colegiados.* Disponível em http://www.tex.pro.br/wwwroot/39de020902/ razaodeserdoscolegiados.htm. Acesso em 13.09.2008.

3.7.1. Poderes do relator – Art. 557 do CPC

O art. 557, *caput* e § 1º – A, prescrevem que "o relator negará seguimento a recurso manifestamente inadmissível, improcedente, prejudicado ou em confronto com súmula ou jurisprudência dominante do respectivo tribunal, do Supremo Tribunal Federal, ou de Tribunal Superior. § 1º – A. Se a decisão recorrida estiver em manifesto confronto com súmula ou com jurisprudência dominante do Supremo Tribunal Federal, ou de Tribunal Superior, o relator poderá dar provimento ao recurso.".

No Brasil, as decisões judiciais, mesmo reiteradas e pronunciadas por Tribunais Superiores, possuem, como regra, apenas força relativa, mas influenciam as decisões posteriores. O relator não estará absolutamente vinculado ao entendimento da súmula, fazendo prevalecer o entendimento que lhe pareça mais conforme com os valores vigentes à época na sociedade, uma vez que a súmula pode estar superada ou inadequada.[463]

Talamini[464] leciona que cabe ao relator motivar adequadamente a decisão, cumprindo rigorosamente o dever constitucional de fundamentação (93, IX, CF), expondo, em termos claros, as razões fáticas e jurídicas consubstanciadoras do seu entendimento.

Os dispositivos não objetivaram "transformar a regra (julgamento colegiado) na exceção (apreciação monocrática), mas apenas admitir esta última medida naqueles processos em que efetivamente se mostre inútil a atuação do colegiado pela escassa probabilidade de êxito".[465]

É preciso identificar se referidas supressões da colegialidade teriam o condão de ofender o princípio do duplo grau de jurisdição.

De seu modo, Sérgio Kukina responde negativamente,[466] visto que "um só argumento se mostraria eficiente para demonstrar

---

[463] Talamini, Eduardo. A nova disciplina do agravo e os princípios constitucionais do processo. *Revista de Informação legislativa*. Brasília: Senado Federal, Subsecretaria de Edições Técnicas, nº 129, jan-mar 1996, p. 81.

[464] Idem, ibidem.

[465] Porto, Sérgio Gilberto; Ustárroz, Daniel. *Manual dos Recursos Cíveis*: atualizado com as reformas de 2006 e 2007. 2. ed. rev. e ampl. Porto Alegre: Livraria do Advogado Editora, 2008, p. 142.

[466] 5ª T. do STJ, EDcl no AgRg nos EDcl no REsp 848.250 – RN, 18.09.2008, Rel. Min. Arnaldo Esteves Lima, DJe 03.11.2008. No mesmo sentido 5ª T. do STJ, REsp 809.869 – PR, 06.06.2008, Rel. Min. Arnaldo Esteves Lima, DJ 26.06.2006 p. 196.

que aludidas decisões monocráticas pelos relatores não burlariam o preceito do duplo grau, qual seja, o de que todos os regramentos recém-referidos contemplam subsequente utilização de novo recurso (o chamado agravo interno) pela parte sucumbente, que, por esse meio, inocorrendo retratação do relator, terá fatal acesso a imediato julgamento do colegiado a que pertença este último. Tal singularização da prestação recursal, como visto, em que pese o nobre propósito de celerizá-la, acaba por criar, com ampla frequência, a ativação de um novo recurso, quando então, por via oblíqua, se estará prestigiando o primado da colegialidade.". Assim, a crescente valorização do julgamento monocrático em sede recursal, dada a possibilidade de agravo interno da sua decisão, não desestabiliza a duplicidade de graus de jurisdição.[467]

Mesma conclusão se atinge ao interpretarem-se os escritos de Nelson Nery, para o qual "quando o constituinte cometeu ao STF e STJ o julgamento dos recursos extraordinário e especial, respectivamente, não disse que o julgamento desses recursos fosse tomado por órgão colegiado, em atendimento ao duplo grau de jurisdição. Com isso, a lei ordinária conferiu poderes ao relator para, em decisão singular, indeferir, dar ou negar provimento a recurso, em atendimento ao princípio da economia processual".[468]

Antes mesmo das alterações legislativas promovidas, outorgando maiores poderes a órgãos singulares em juízo de segundo grau, para Sarlet,[469] essa possibilidade não implicaria supressão do acesso ao duplo grau de jurisdição, desde que respeitados os limites da proporcionalidade e preservado o núcleo essencial do princípio.

---

[467] Kukina, Sérgio Luiz. O princípio do duplo grau de jurisdição. *Revista de Processo*. São Paulo: RT. Ano 28, n. 109, 2003, p. 108-109.

[468] Nery Júnior, Nelson. *Princípios do Processo Civil na Constituição Federal*. 8. ed. rev., atual. e ampl. com as novas súmulas do STF e com análise sobre a relativização da coisa julgada. São Paulo: Revista dos Tribunais, 2004. (Coleção estudos de direito de processo Enrico Tullio Liebman; v. 21), p.214. No mesmo sentido Cambi, Accácio. Aspectos polêmicos na aplicação do art. 557 do CPC. In *Aspectos polêmicos e atuais dos recursos cíveis e de outros meios de impugnação às decisões judiciais*. coordenação Nelson Nery Jr. e Teresa Arruda Alvim Wambier. São Paulo: Revista dos Tribunais, 2003. (Série aspectos polêmicos e atuais dos recursos; v. 7), p. 22.

[469] Sarlet, Ingo Wolfgang. Valor de alçada e limitação do acesso ao duplo grau de jurisdição: problematização em nível constitucional, à luz de um conceito material de direitos fundamentais. *Revista da Ajuris*, v. 66, Porto Alegre, 1996, p. 124.

O Supremo Tribunal Federal manifestou-se de modo a entender "legítima, sob o ponto de vista constitucional, a atribuição conferida ao Relator para arquivar ou negar seguimento a pedido ou recurso intempestivo, incabível ou improcedente e, ainda, quando contrariar a jurisprudência predominante do Tribunal ou for evidente a sua incompetência (RI/STF, art. 21, par 1.; Lei n. 8.038/90, art. 38), desde que, mediante recurso – agravo regimental – possam as decisões ser submetidas ao controle do colegiado".[470]

Há, contudo, polêmica sobre o tema.

A faculdade do relator para dar provimento ao recurso em decisão monocrática, como supõe o art. 557, § 1º-A, é de evidente inaplicabilidade, assevera Borges,[471] pois há que se considerar o *caput* do art. 555 do CPC, prescrevendo no seu cabeço que "no julgamento de apelação ou de agravo, a decisão será tomada, na câmara ou turma, pelo voto de 3 (três) juízes". Infere o doutrinador que além do choque entre as normas, a possibilidade do julgamento monocrático fere o princípio constitucional do duplo grau de jurisdição, que pela Constituição é exercido de forma colegiada.

Não parece ser esta a melhor exegese, uma vez que, normalmente, o pensamento do órgão colegiado é refletido nas decisões do relator. Mas esse argumento por si só não é suficiente para confrontar o do doutrinador. O que, no entanto, deve-se considerar é que, da decisão do relator é possível aviar agravo regimental para remeter o julgamento do recurso ao órgão colegiado. É o que diz o STJ, para o qual "a decisão monocrática adotável em prol da efetividade e celeridade processuais não exclui o contraditório postecipado dos recursos, nem infirma essa garantia, porquanto a colegialidade e a *fortiori* o duplo grau restaram mantidos pela possibilidade de interposição do agravo regimental".[472]

---

[470] Pleno do STF MI-AgR 375 – PR, Ag.Reg. no Mandado de Injunção, 19.12.1991, Rel. Min. Carlos Velloso, DJ 15.05.1992, p. 6781. No mesmo sentido 2ª T. do STF RE-AgR 232287 – SP, Ag.Reg. no Recurso Extraordinário, 10.09.2002, Rel. Min. Carlos Velloso, DJ 11.10.2002, p. 47.

[471] Borges, Marcos Afonso. Alterações no Código de Processo Civil oriundas das Leis 10.352, de 26.12.2001, e 10.358, de 27.12.2001. Revista de Processo, v. 106, São Paulo, RT, 2002, p. 187.

[472] 1ª T. do STJ, REsp 837.227 – RS, 11.09.2007, Rel. Min. Luiz Fux 11/09/2007, DJ 22.10.2007 p. 198. No mesmo sentido 1ª T. do STJ, REsp 850.004 – RS, 11.09.2007, Rel. Min. Luiz Fux, DJ 29.10.2007 p. 187; 1ª T. do STJ, EDcl no REsp 882.119 – RS, 18.09.2008, Rel. Min. Luiz Fux, DJE 15.10.2008.

Outro argumento que poderia se harmonizar com o conceito dado ao duplo grau de jurisdição neste trabalho é o de que, a despeito do não seguimento ou do provimento do recurso pelo relator, teria a decisão de primeiro grau passado pelo crivo do tribunal, que, entretanto, o fez de modo monocrático. Porém, de modo adequado, pode ser impugnada a decisão e levada ao órgão fracionário.

Medina e Teresa Wambier consignam que "o órgão colegiado é o juiz natural[473] dos recursos, sendo, diante disso, de duvidosa constitucionalidade as regras processuais que impedem a interposição de recurso contra decisões proferidas monocraticamente, nos tribunais.". Prosseguem afirmando que as decisões monocráticas não ensejam inconstitucionalidade, desde que, respeitado o princípio da colegialidade, seja "possível o controle de tal decisão monocrática pelo órgão colegiado a que pertença o relator".[474]

3.8. EMBARGOS INFRINGENTES DE SENTENÇA – ART. 34, § 2º, DA LEI 6.830/80

Prescreve a Lei de Execuções Fiscais (6.830/80 – LEF), em seu artigo 34, *caput*,[475] que "das sentenças de primeira instância proferidas em execuções de valor igual ou inferior a 50 (cinquenta) Obrigações do Tesouro Nacional – OTN, só se admitirão embargos infringentes e de declaração".[476] Em complemento ao *caput*, o § 2º preceitua que "os embargos infringentes, instruídos, ou não, com

---

[473] Ver Nunes, Dierle José Coelho. Colegialidade das decisões dos tribunais – sua visualização como princípio constitucional e do cabimento de interposição de agravo interno de todas as decisões monocráticas do relator. *Revista IOB de Direito Civil e Processual Civil*. Porto Alegre: Síntese, v. 9, n. 50, nov./dez., 2007.

[474] Medina, José Miguel Garcia; Wambier, Teresa Arruda Alvim. *Recursos e ações autônomas de impugnação*. São Paulo: Revista dos Tribunais, 2008 (Processo civil moderno; v. 2), p. 56.

[475] "Art. 34. Das sentenças de primeira instância proferidas em execuções de valor igual ou inferior a 50 (cinqüenta) Obrigações Reajustáveis do Tesouro Nacional – ORTN, só se admitirão embargos infringentes e de declaração. § 1º. Para os efeitos deste artigo considerar-se-á o valor da dívida monetariamente atualizado e acrescido de multa e juros de mora e de mais encargos legais, na data da distribuição. § 2º. Os embargos infringentes, instruídos, ou não, com documentos novos, serão deduzidos, no prazo de 10 (dez) dias perante o mesmo Juízo, em petição fundamentada. § 3º. Ouvido o embargado, no prazo de 10 (dez) dias, serão os autos conclusos ao Juiz, que, dentro de 20 (vinte) dias, os rejeitará ou reformará a sentença".

[476] 1ª T. do STJ, REsp 413.677 – RS, 16.04.2002, Rel. Min. José Delgado, DJ 13/05/2002, p. 173.

documentos novos, serão deduzidos, no prazo de 10 (dez) dias perante o mesmo Juízo, em petição fundamentada".[477]

Salvo melhor juízo, pode-se verificar que na legislação ora atacada há evidente supressão ao duplo grau de jurisdição, por conta de que a sentença proferida, apesar de poder ser impugnada, será revista mediante recurso a ser julgado pelo mesmo órgão que decidiu a causa. Assim, órgão prolator e revisor são o mesmo. Segundo Artur Motta, "o que se tem, na prática, é uma decisão irrecorrível".[478]

Defende-se, no curso deste trabalho, a possibilidade que o sistema dá ao legislador infraconstitucional para, na busca do equilíbrio entre segurança jurídica e efetividade e, considerando que os recursos são "indispensáveis à realização do direito pelo processo e à consecução da Justiça",[479] realizar a necessária limitação à possibilidade de recorrer.[480]

A doutrina se divide quanto à constitucionalidade ou não do dispositivo em apreço. O conceito que cada autor dispensa ao duplo grau de jurisdição e o reconhecimento, ou não, deste como garantia constitucional é que tem definido o rumo dos posicionamentos.

Flávio Cheim Jorge, Fredie Didier Jr e Marcelo Abelha Rodrigues[481] não reputam inconstitucional tal dispositivo pois consideram dispensável para o cumprimento do duplo grau que o órgão revisor seja de hierarquia superior ao que proferiu a decisão, sendo que o que se exige é apenas o reexame.

---

[477] Gize-se que, extinta a ORTN, encontra-se o valor de alçada a partir da interpretação da norma que extinguiu um índice e o substituiu por outro, mantendo-se a paridade das unidades de referência. Ao utilizar-se a sequência de indexadores OTN/BTN/INPC/UFIR chega-se à equivalência de 50 OTNs a 311,68 UFIRs. Tendo sido extinta a UFIR em outubro de 2000, passou a ser utilizado o índice que lhe servia de parâmetro para fixação: o IPCA-E.

[478] Motta, Artur Alves da. Existe sentença inapelável após a Constituição de 1988? Um exame do art. 34 da Lei n.º 6.830/80. Disponível em http://jus2.uol.com.br/doutrina/texto. asp?id=4381. Acesso em 08.10.2008.

[479] Moniz de Aragão, Egas Dirceu. *Demasiados Recursos? Meios de impugnação ao julgado civil*: estudos em homenagem a José Carlos Barbosa Moreira. Coordenador Adroaldo Furtado Fabrício; Paulo César Pinheiro Carneiro...[et al.]. Rio de Janeiro: Forense, 2007, p. 178.

[480] Pinto, Nelson Luiz. *Manual dos Recursos Cíveis*. São Paulo: Malheiros, 1999, p. 78.

[481] Jorge, Flávio Cheim; Didier Jr, Fredie; Rodrigues, Marcelo Abelha. *A nova reforma processual*. 2. ed. São Paulo: Saraiva, 2003, p. 149.

Dinamarco levanta suspeitas de inconstitucionalidade,[482] a despeito de isso não ter sido considerado pela jurisprudência.[483]

Paulo R. Passos, com posicionamento que se reputa adequado, considera eivados de insconstitucionalidade tais Embargos de alçada, pois, uma vez implícito na Constituição o princípio do duplo grau de jurisdição, não se permite sua vedação, pura e simplesmente, pela lei ordinária. Ademais, para se alcançar a boa justiça é imperativa a revisão dos julgados por juízes alheios à decisão monocrática. As revisões feitas pelo próprio órgão prolator da decisão, além de geralmente mantidas, ferem o devido processo legal na medida em que bloqueiam o acesso recursal[484] e infringem a garantia do juiz natural,[485] que permitiria o acesso ao grau superior.

Em mesmo sentido, Berni[486] entende que não será duplo grau de jurisdição o reexame pelo mesmo juízo, pois o próprio CPC, em seu art. 134, III,[487] impede o magistrado que proferiu decisão de primeiro grau de reexaminá-la em segundo grau.

Araken de Assis estabelece que o art. 34 "despreza a previsão constitucional do duplo grau, a despeito da observação cediça de que os juízes erram, ante sua condição de pessoas humanas, e dificilmente reexaminam equilibradamente os próprios equívocos, salvo nos casos teratológicos. Daí a utilidade duvidosa, para dizer o mínimo, dos recursos ao próprio órgão". Tal previsão mostra, segundo o autor, a suferficialidade do diagnóstico feito pelo legislador e a sua falta de coragem, uma vez que, respectivamente, o tribunal,

---

[482] Dinamarco, Cândido Rangel. *Instituições de direito processual civil.* v. 1, 5. ed. rev. e atual. São Paulo: Malheiros Editores, 2005, p. 261.

[483] RE – Declaração de Inconstitucionalidade de Medida Provisória – AI 244.670 – MG, 14.09.1999, Rel Min. Marco Aurélio, DJ 26.10.1999, p. 35.

[484] Passos, Paulo Roberto. Algumas reflexões sobre o duplo grau de jurisdição. *Revista de processo,* v. 69, São Paulo: RT, 1993, p. 158. No mesmo sentido Marques, José Frederico. Instituições de direito processual civil. v. IV. Campinas: Millennium, 1999, p. 227.

[485] Marques, José Frederico. *Instituições de Direito Processual Civil.* v. IV. Campinas: Millennium, 1999, p. 228.

[486] Berni, Duílio Landell de Moura. *O duplo grau de jurisdição como garantia constitucional. As garantias do cidadão no processo civil*: relação entre constituição e processo. Adriane Donadel ... [et. al.]; org. Sérgio Gilberto Porto. Porto Alegre: Livraria do Advogado, 2003, p.194.

[487] "Art. 134. É defeso ao juiz exercer as suas funções no processo contencioso ou voluntário: III – que conheceu em primeiro grau de jurisdição, tendo-lhe proferido sentença ou decisão;".

no geral, funciona muito bem, e que melhor teria sido então rejeitar qualquer recurso.[488]

Motta sustenta a "viabilidade da interposição de apelo contra as sentenças que extinguirem as execuções de valor igual ou inferior a 50 ORTNs, nos termos do art. 34 da Lei n.º 6.830/80, diante de sua revogação *tácita* por incompatibilidade com o art. 108, inciso II,[489] da Constituição vigente".[490]

Deve-se evitar que o legislador menos avisado, entusiasmado pela simplificação dos procedimentos, acabe, muitas vezes, mudando ilegitimamente a legislação, pura e simplesmente para eliminar recursos. Concorda-se com Calmon de Passos, uma vez que esse comportamento indevido, mal inspirado em sua origem e mal desempenhado em sua efetivação, está manifestado na Lei 6.830/80, que exclui o apelo das sentenças de primeiro grau prolatadas em execução fiscal, em valor igual ou inferior ao por ela fixado. Isso conduz à inconstitucionalidade do preceito, primeiro por violar o princípio da isonomia, pois, por questão de centavos, permite-se ou deixa-se de permitir o aviamento do apelo, e segundo, por ferir o devido processo legal, em virtude da eliminação do controle da decisão que pode produzir gravame objetivo.[491]

3.9. DUPLO GRAU DE JURISDIÇÃO NOS JUIZADOS ESPECIAIS CÍVEIS

Assume relevância, considerado o foco deste trabalho, a abordagem referente ao Juizado Especial Cível – formatado pela Lei 9.099/95 para simplificar procedimentos judiciais – na sua relação com o duplo grau de jurisdição, que entende-se tê-lo modificado, e para alguns eliminado.

---

[488] Assis, Araken de. *Manual da Execução*. 10. ed. rev. atual. e ampl. São Paulo: Revista dos Tribunais, 2006, p. 1028.

[489] "Art. 108. Compete aos Tribunais Regionais Federais: II – julgar, em grau de recurso, as causas decididas pelos juízes federais e pelos juízes estaduais no exercício da competência federal da área de sua jurisdição".

[490] Motta, Artur Alves da. Existe *sentença inapelável após a Constituição de 1988? Um exame do art. 34 da Lei nº 6.830/80*. Disponível em http://jus2.uol.com.br/doutrina/texto.asp?id=4381. Acesso em 08.10.2008.

[491] Calmon de Passos, Joaquim José. O devido processo legal e o duplo grau de jurisdição. *Revista da Ajuris*, v. 25, Porto Alegre, 1982, p. 140-144.

No procedimento em tela permite-se, por força do artigo 41,[492] a possibilidade de recurso para "turma composta por três juízes togados, em exercício no primeiro grau de jurisdição", vedando assim o aviamento a recurso de apelação para o tribunal regional.

Há que ser considerado, na visão de Paulo R. Passos, que este Juizado possui legislação e ritos próprios, uma espécie de "novo órgão", com grau recursal apropriado aos seus parâmetros. O fato de os juízes que compõem a turma serem de 1ª instância, não a descaracteriza das funções de segundo grau, por isso perfeitamente constitucional a norma.[493]

No Juizado Especial Cível há, para Berni, o duplo grau de jurisdição horizontal, em que a reapreciação é concretizada por órgão de mesmo grau. Esta legislação utilizou-se do disposto no artigo 98, I,[494] da Constituição Federal, cuja norma é de eficácia limitada, pois dependia de intervenção do legislador ordinário para a criação da legislação futura.[495]

A Turma Recursal é um órgão diverso do prolator da sentença, e, apesar de ser composta por juízes de mesmo quilate hierárquico profere decisão hierarquicamente superior, o que permite concluir que trata-se, sob este viés, de um órgão de hierarquia superior, por conta da qualidade do seu julgado.

Segundo Araken de Assis pode ser que não haja, no caso do art. 41 da Lei 9.099/95, o duplo grau, no entanto é inegável o efeito

---

[492] "Art. 41. Da sentença, excetuada a homologatória de conciliação ou laudo arbitral, caberá recurso para o próprio Juizado. § 1º O recurso será julgado por uma turma composta por três Juízes togados, em exercício no primeiro grau de jurisdição, reunidos na sede do Juizado".

[493] Passos, Paulo Roberto. Algumas reflexões sobre o duplo grau de jurisdição. *Revista de Processo*, v. 69, São Paulo: RT, 1993, p. 158.

[494] "Art. 98. A União, no Distrito Federal e nos Territórios, e os Estados criarão: I – juizados especiais, providos por juízes togados, ou togados e leigos, competentes para a conciliação, o julgamento e a execução de causas cíveis de menor complexidade e infrações penais de menor potencial ofensivo, mediante os procedimentos oral e sumariíssimo, permitidos, nas hipóteses previstas em lei, a transação e o julgamento de recursos por turmas de juízes de primeiro grau;".

[495] Berni, Duílio Landell de Moura. *O duplo grau de jurisdição como garantia constitucional. As garantias do cidadão no processo civil*: relação entre constituição e processo. Adriane Donadel ... [et. al.]; org. Sérgio Gilberto Porto. Porto Alegre: Livraria do Advogado, 2003, p. 194/201. O duplo grau de jurisdição vertical seria aquele em que um órgão de hierarquia superior procede ao reexame.

da remessa da matéria impugnada neste recurso, mesmo que não seja para órgão judiciário hierarquicamente superior.[496]

Mesmo no caso excepcional de unicidade de grau, subsiste o duplo grau de jurisdição, não tendo a Lei Maior se descuidado do princípio ao permitir um recurso a órgão de mesma hierarquia. Operacionaliza-se o princípio por intermédio de sua *hierarquia interna*, fulcrada no art. 98, I, da CF, que é uma "norma definidora de princípio institutivo impositiva, e não facultativa ou permissiva." Por conta disso, supondo que a Lei 9.099/95 não tivesse criado recurso para as suas decisões, não adotando o princípio do duplo grau de jurisdição, "ela seria manifestamente inconstitucional", na lição de Berni.[497]

Visto este ponto sob o ângulo da limitação do acesso ao duplo grau de jurisdição pela fixação de um valor de alçada (no caso, demandas pecuniárias e de pequeno valor), na concepção de Sarlet (e considerando-se seus argumentos já expendidos), parece haver correspondência aos ditames da proporcionalidade e respeitado o núcleo essencial "encoberto pelo âmbito de proteção das normas atingidas pela restrição, além de salvaguardar as exigências básicas da dignidade humana.". Assim, mesmo que o duplo grau de jurisdição estivesse expresso na Constituição, a Lei dos Juizados Especiais, por respeitar os limites da proporcionalidade, não fere de morte o núcleo essencial do princípio. Problemática maior se revelaria nos procedimentos envolvendo interesse público, direitos de menores e direitos difusos.[498]

3.10. SUPRESSÃO DO DUPLO GRAU DE JURISDIÇÃO EM DETERMINADOS CASOS

O movimento mais radical e polêmico a respeito do tema, consiste na proposição para eliminar o duplo grau de jurisdição, se não numa grande quantidade de casos, ao menos nas demandas de menor complexidade.

---

[496] Assis, Araken de. *Manual dos Recursos*. São Paulo: Revista dos Tribunais, 2007, p. 223.

[497] Berni, Duílio Landell de Moura. *O duplo grau de jurisdição como garantia constitucional. As garantias do cidadão no processo civil*: relação entre constituição e processo. Adriane Donadel ... [et. al.]; org. Sérgio Gilberto Porto. Porto Alegre: Livraria do Advogado, 2003, p. 201/220.

[498] Sarlet, Ingo Wolfgang. Valor de alçada e limitação do acesso ao duplo grau de jurisdição: problematização em nível constitucional, à luz de um conceito material de direitos fundamentais. *Revista da Ajuris*, v. 66, Porto Alegre, 1996, p. 123.

Mauro Cappelletti é um dos que apresenta maior rejeição ao duplo grau, e considera o desprezo à oralidade[499] e a impossibilidade de execução da sentença como regra, os maiores motivos da desvalorização do juízo de primeiro grau[500] – além das demais justificativas contrárias ao duplo grau.

Para Mattirolo, é imprescindível que, nas causas mais simples, especialmente as que envolvem matéria de fato, em respeito à oralidade e à celeridade, seja eliminado o duplo grau,[501] a fim de que o Estado atenda ao seu dever de entregar a tutela jurisdicional tempestiva e adequada.[502]

É o que se verifica no sistema jurídico italiano, assim afirmado por Francesco Luiso, uma vez que no sistema peninsular,

> vi sono sentenze inappellabili e quindi denominate « in único grado ». La Corte costituzionale ha ripetutamente dichiarato legitime le norme che scludono l'appello, poiché essa ritiene non costituzionalmente garantito il cosidetto « doppio grado di giurisdizione ». Quindi è il legislatore ordinario a decidere se prevedere o meno l'appello, senza in questo essere vincolato da specifiche norme costituzionali (tranne ovviamente l'art. 3 Cost.: sarebbe incostituzionale una norma che prevedesse l'appellabilità, ad es., solo in caso di accoglimento della domanda, e non anche in caso di rigetto, o viceversa).[503]

---

[499] Cappelletti, Mauro e Garth, Bryant. *Acesso à Justiça*. Tradução Ellen Gracie Northfleet. Porto Alegre: Sergio Antonio Fabris Editor. 1988, p. 76.

[500] Cappelletti, Mauro. *Proceso, Ideologias, Sociedad*. Traducion de Santiago Sentis Melendo y Tomás A. Banzhaf. Buenos Aires: Ediciones Juridicas Europa-America. 1974, p. 289.

[501] No mesmo sentido, no início do séc. XX, o Senador italiano Lunati já se mostrava defensor do sistema de juízo único, acreditando que as exigências de celeridade e economia respondem muito melhor neste sistema, e que é mais lógico e conveniente reunir num só colégio julgador todos os magistrados, que deveriam substituir, num único grau de jurisdição, a necessidade de que o processo passasse por diversos magistrados. Mattirolo, Luis. *Tratado de Derecho Judicial Civil*. Traduccion de Ricardo Garrido Juan. Madrid: Editorial Réus, 1936, p. 401. Na mesma obra, o autor transcreve passagem do advogado M.A. Enea, segundo o qual a apelação "humilla y desacredita al Juez de primer grado...; constriñe a la Magistratura a un trabajo ímprobo y inútil, obligando al primer Juez a pronunciar una serie de sentencias *que no tienen nunguna eficácia jurídica*... y despoja de toda autoridad u prestigio a la justicia, haciéndola *ridícula* al obligarle a decidir dos veces sobre la misma causa, la primera de *burlas*, y la segunda en *serio*...", p. 401.

[502] Marinoni, Luiz Guilherme. Arenhart, Sérgio Cruz. *Manual do Processo de Conhecimento*. 4. ed. rev. atual. e ampl. São Paulo: Revista dos Tribunais, 2005, p. 501.

[503] Luiso, Francesco P. *Diritto Processuale Civile. II – Il Processo di Cognizione*. Terza edizione. Milano: Giuffrè Editore, p. 356. Em tradução livre: Todavia existem sentenças inapeláveis e portanto denominados "em único grau". A Corte constitucional tem repetidamente declarado legítimas as normas que excluem a apelação, uma vez que não considera garantido cons-

Sob outro ângulo, e de modo mais radical, Marinoni e Arenhardt veem que uma das saídas para atender aos anseios de celeridade está na eliminação do duplo grau quando se tratar de causas de menor complexidade ou também chamadas de maior simplicidade. Os autores não veem razão para, nesses casos, insistir no duplo juízo de mérito, pois a dilatação do tempo priva o Poder Judiciário da oportunidade de atender ao cidadão com maior rapidez.[504]

---

titucionalmente o assim dito "duplo grau de jurisdição". Portanto, é o legislador ordinário a decidir se prevê ou não a apelação, sem estar vinculado a específicas normas constitucionais (exceto obviamente o art. 3º da Constituição: será inconstitucional uma norma que preveja a apelação, por exemplo, somente no caso de acolhimento da demanda, e não também em caso de rejeição, ou vice-versa).

[504] Marinoni, Luiz Guilherme. Arenhart, Sérgio Cruz. *Manual do Processo de Conhecimento*. 4. ed. rev. atual. e ampl. São Paulo: Revista dos Tribunais, 2005, p. 499. Como exemplo, os autores, a despeito de a Lei 9.099/95 ter surgido para abarcar as causas de menor complexidade, referem que a mesma é contraditória. "A Lei dos Juizados Especiais afirma expressamente, logo no seu art. 2º, que "o processo orientar-se-á pelos critérios da *oralidade*, simplicidade, economia processual e *celeridade*, buscando sempre que possível a conciliação ou a transação". Se o legislador estava ciente da *"menor complexidade das causas"* sujeitas ao procedimento que estava sendo traçado, dos benefícios da *oralidade* e da necessidade de maior *celeridade* na prestação jurisdicional, é difícil entender o motivo que o levou a escrever o art. 41 da Lei dos Juizados Especiais, segundo o qual, "da sentença, excetuada a homologatória de conciliação ou laudo arbitral, caberá recurso para o próprio Juizado", que "será julgado por uma turma composta por 3 (três) juízes togados, em exercício no primeiro grau de jurisdição, reunidos na sede do Juizado" (§ 1º) e no qual "as partes serão obrigatoriamente representadas por advogado" (§ 2º). A Lei dos Juizados Especiais, ao mesmo tempo em que exalta a oralidade, privilegia de forma ilógica a *"segurança jurídica", através da instituição de um juízo repetitivo sobre o mérito*. Note-se que se o julgador tem contato direto com as partes e a prova, e isto lhe permite formar um "juízo" mais preciso sobre os fatos, *não há como imaginar que um "colegiado" composto por juízes que não participaram da instrução possa estar em condições mais favoráveis para apreciar o mérito*, p. 497. (grifos no original) Bedaque assume com tranquilidade que o princípio do duplo grau não constitui garantia constitucional, pois, além de inexistente previsão expressa, há hipóteses de instância única na Constituição. Isso, porém, não permite a sua eliminação pelo legislador pois é um princípio inerente ao sistema, comportando, porém, limitações, haja vista não incorporar valor absoluto. Bedaque, José Roberto dos Santos. Apelação: Questões sobre admissibilidade e efeitos. In *Aspectos polêmicos e atuais dos recursos cíveis e de outros meios de impugnação às decisões judiciais*. coordenação Nelson Nery Jr. e Teresa Arruda Alvim Wambier. São Paulo: Revista dos Tribunais, 2003. (Série aspectos polêmicos e atuais dos recursos; v. 7), p. 449-450. No mesmo sentido Cintra, Antonio Carlos de Araújo; Grinover, Ada Pellegrini; Dinamarco, Cândido Rangel. *Teoria Geral do Processo*. 14. ed. rev. e atual. São Paulo: Malheiros Editores. 1998, p. 74-75 e Oliveira, Fábio César dos Santos. O art. 515, § 3º, do CPC e o combate à dilação processual indevida. *Revista de Processo*, v. 115, São Paulo: RT, 2004, p. 141.

Conclusão

O desiderato primordial deste trabalho foi examinar a evolução daquilo que se entende por duplo grau de jurisdição e como este se desdobra e se concretiza dentro do sistema recursal. Necessário, por fim, estabelecer algumas respostas conclusivas obtidas a partir do estudo realizado.

Vistas a evolução histórica do instituto e a forma como este foi caracterizado e interpretado, necessário fez-se, para fins de análise das questões subsequentes do trabalho, atribuir o entendimento de que se trata da possibilidade de um novo julgamento, por órgão diverso do prolator – formado por juízes de mesma ou superior hierarquia – das sentenças de primeiro grau, mediante recurso voluntário ou em caráter cogente no reexame necessário, prevalecendo a segunda decisão sobre a primeira.

A escolha de tal definição resulta em assentar-se o entendimento de que o duplo grau de jurisdição se encontra umbilicalmente relacionado com o recurso de apelação das sentenças de primeiro grau, pois tal recurso é um remédio geral, que hostiliza sentença e não se subordina ao ataque de questões específicas como o previsto para os recursos aos tribunais superiores, que se configuram em desdobramentos do segundo grau.

Nesta senda, o duplo grau de jurisdição não se refere à possibilidade de duplo exame de qualquer controvérsia, mas à controvérsia total, que decidiu, em primeiro grau, terminativa ou definitivamente, acerca do direito posto em causa.

Fundamentos de toda a ordem apresentaram-se ora em defesa, ora em ataque ao duplo grau de jurisdição. Parece, salvo melhor juízo, confrontados os diferentes posicionamentos, que seria um exagero, com a possibilidade de consequências imprevisíveis, permitir que somente um julgador tivesse o poder de decidir uma demanda, sem que tal ato pudesse ser passível de controle.

Toda a quantidade de fundamentos que forma o conjunto de justificativas favoráveis e contrárias ao duplo grau de jurisdição merece ser observada e atendida quando se objetiva o atingimento de um sistema recursal equilibrado.

Por um lado, a duplicidade de exame da sentença dá maior legitimidade ao Poder Judiciário, limita as chances de erros, estabelece um sistema de controle sobre a decisão e seu prolator, trazendo maior segurança ao uniformizar o direito. De outro, as não menos fundamentadas razões contrárias ao duplo grau de jurisdição possuem papel de alta relevância para a construção de um sistema recursal estável e harmônico com todos os direitos, *v.g.*, princípio da oralidade e razoável duração do processo, que serviram de suporte para a defesa de tais justificativas.

O trabalho procurou demonstrar que o duplo grau de jurisdição é protegido constitucionalmente, e que esta conclusão só pode ser obtida se o intérprete se permitir ingressar no texto constitucional disposto a identificar, numa exegese ampla, quais os escopos que este revela. As intenções de todo dispositivo expresso não são revelados única e exclusivamente pela sua leitura literal, e sim a partir de um interpretação sistemática, que permita visualizá-lo no plexo do corpo normativo como aspecto integrante de um grande sistema, sob pena de, analisando-o desconectado dos demais, não se extrair seu real conteúdo e alcance.

Influenciados por determinado comando, foi possível identificar e estabelecer, pela interpretação de um grupo de textos constitucionais, o forte vínculo entre estes e o duplo grau de jurisdição.

O devido processo legal, ou também chamado devido processo constitucional, sintetiza o rol de garantias que o processo deve proporcionar, de modo que das partes não se podem suprimir alguns direitos essenciais, entre eles o de controlar as decisões judiciais. O devido processo legal não se restringe ao respeito às formas, mas busca proteger o direito ao reexame da decisão de primeiro grau. O duplo grau de jurisdição torna-se, como decorrência do devido processo legal, um princípio constitucional implícito, porém não absoluto, uma vez que, em respeito a outros direitos, pode ser mitigado, sem que se fira seu núcleo essencial. O que o duplo grau garante é apenas o direito a um segundo exame por órgão diverso.

Se o devido processo legal, dada a impossibilidade de estabelecer seus limites, poderia ser suficiente para justificar constitucionalmente o duplo grau de jurisdição, facilitando a acomodação deste instituto, outros fundamentos, não menos vigorosos, assentam constitucionalmente o duplo grau de jurisdição.

Desconectar o direito ao recurso do devido processo constitucional é violentar a própria Constituição, que prevê como inafastáveis o devido processo legal, o contraditório e a ampla defesa com os meios e recursos a ela inerentes. Impor a alguém, de modo absoluto, decisões sem permitir oposição é retirar-lhe a característica de cidadão. Isso não implica que toda e qualquer decisão deva obrigatoriamente ser recorrível, mas constitucionalmente garantido é o direito à impugnação das decisões que julgam a demanda em primeiro grau, sejam terminativas ou definitivas.

Essa conclusão em nada se apresenta incompatível com os anseios da efetividade. Ao contrário. Decisão reexaminada a fortalece quando vista no seu sentido lato, e resulta do respeito à própria natureza da organização do Poder Judiciário. Todo órgão julgador assim legitimado deve estar submetido a um controle de seus julgados.

Como dito no trabalho, o duplo grau de jurisdição não significa o direito ao recurso de toda e qualquer decisão, mas o direito de recorrer da sentença que sempre afetará a liberdade e o patrimônio, pois o poder é pernicioso quando concentrado nas mãos de um único órgão.

Não estaria o Estado buscando outra coisa, senão permitir o aviamento de recursos para revisar decisões dos órgãos inferiores, quando cria uma grande estrutura de tribunais em esferas estaduais e federais, estabelecendo competências, e assim, positivando tal direito. A definição do organograma do Poder Judiciário pela Constituição pressupõe o direito ao duplo grau de jurisdição. Aos tribunais locais caberia concretizar o duplo grau de jurisdição, uma vez que os tribunais superiores, por serem desdobramentos do segundo grau, receberiam recursos de fundamentação apenas vinculada.

A possibilidade de reação a julgados desfavoráveis é consectário também do contraditório e da ampla defesa, pois que está no âmago destes o controle das decisões judiciais. Tal controle, neste sentido, seria inseparável da própria ideia de processo.

Visualizou-se também que o duplo grau de jurisdição tem sido fundamentado constitucionalmente na própria promessa de acesso à justiça, uma vez que a lesão pode decorrer de ato do próprio judiciário, no caso, da sentença, não podendo esta ficar imune à revisão, alcançando-se assim a tutela jurisdicional efetiva.

Mesmo nas causas de menor complexidade há o estabelecimento de recursos contra a sentença, o que, *a fortiori*, justifica o recurso das sentenças oriundas de outros processos.

O duplo grau de jurisdição tem sido fundamentado inclusive em decorrência do regime e dos princípios (não somente o que está escrito, mas o que da Constituição se deduz), além do Pacto de São José da Costa Rica, recepcionado pelo Brasil, e pela instituição de órgãos de primeira e segunda instância nos Territórios, o que torna evidente a necessidade dos mesmos órgãos nos entes federados mais complexos.

A despeito de toda a interpretação constitucional o duplo grau de jurisdição não pode ser considerado de caráter absoluto a ponto de afastar pretensas relativizações ou restrições. A interpretação a ser dada é a de que o duplo grau de jurisdição deve ser preservado, mas, por não ter caráter absoluto, deve ser interpretado no conjunto total do sistema, o que pressupõe o respeito a outros direitos também a serem preservados.

A introdução de limitações ao duplo grau de jurisdição pode ser vista de modo saudável, entretanto, o legislador não pode destruir o sistema sob pena de incorrer em grave inscontitucionalidade. O que se apresenta pelas reformas é a uma grande tendência em limitar o duplo grau de jurisdição, dando a este um enfoque mais restritivo. Nada obstante tal inclinação, as reformas não têm sido radicais a ponto de suprimir por completo ou reduzir a patamares inadmissíveis o duplo grau de jurisdição, mas sim, criar embaraços ao direito de apelação.

Contemporaneamente, há uma preocupação muito grande com a efetividade processual, uma vez que não basta permitir o acesso ao Judiciário sem prover de qualidade a prestação fornecida, ou que esta demore a tal ponto que chegue tardiamente. Isso somente será possível com um processo orientado pela razoabilidade, ao estabelecer a dosagem de cada direito a ser protegido, lembrando que todos eles possuem limites, o que torna pertinentes a prudência e a proporcionalidade no momento de criar, restringir e até extinguir recursos.

O reexame necessário, ou duplo grau de jurisdição obrigatório, é instituto cuja manutenção é objeto de questionamento de muitos anos, tanto que Buzaid não o contemplou no Anteprojeto do Código de Processo Civil de 1973, mas que acabou mantido, sendo apenas deslocado para o capítulo da sentença e coisa julgada. Com a devida vênia, parece, salvo melhor juízo, um certo exagero a manutenção de tal instituto, beirando o estabelecimento de verdadeiros privilégios e restando suspeito de inconstitucionalidade por conta da violação ao princípio da isonomia. Para os fins de efetividade processual, sem ferir o duplo grau de jurisdição, o ataque das sentenças enquadráveis em tal instituto poderia ser feito via recurso voluntário, ou que seja mantido o reexame necessário apenas em causas consideradas de grande complexidade, cujo julgamento poderia resultar em efeitos de grande monta à Fazenda Pública.

Considera-se harmonizado com o duplo grau de jurisdição e isento de inconstitucionalidade o assim chamado julgamento *per saltum* do § 3º do art. 515 do CPC. Tendo-se estabelecido que o duplo grau de jurisdição se concretiza com a possibilidade de reexame das sentenças terminativas ou definitivas, o dispositivo respeita tal conceituação, uma vez que a resolução sem julgamento de mérito também é sentença que julga a causa, e o pretenso julgamento do tribunal não incorrerá em supressão de instância. Resta clara a mitigação do duplo grau de jurisdição em favor da garantia da razoável duração do processo.

No que tange à súmula impeditiva de recurso, ou mais corretamente denominada, súmula impeditiva de apelação, esta objetiva valorizar entendimento sedimentado dos tribunais superiores. De resto, é uma concreta restrição ao duplo grau de jurisdição, com objetivos claros de celeridade, quando autoriza ao juiz de primeiro grau a não receber a apelação se seu julgado estiver de acordo com súmula que o especifica. Não se trata de eliminação do duplo grau de jurisdição, pois cabível manejar agravo de instrumento de tal decisão, levando-se ao órgão de hierarquia superior o julgamento do recurso. O direito não é estaque, e as constantes transformações sociais não permitem engessá-lo de modo a estabelecerem-se verdades absolutas. Além disso, as demandas são providas de circunstâncias particulares que as diferenciam das demais. Isso tem feito com que o sistema recursal não tenha abandonado a possibilidade de recorrer das sentenças.

Têm as reformas recursais se inclinado para a autorização de decisões monocráticas em juízos colegiados e grande quantidade de recursos têm seu julgamento realizado monocraticamente, por força da ampliação dos poderes do relator. Tal alargamento de poderes, que quebra a obrigatoriedade de julgamentos colegiados, é feito em nome da celeridade.

A intenção do art. 557, *caput* e § 1º -A, parece ser a de evitar o julgamento pelo órgão fracionário quando de antemão já se presume o resultado que adviria do colegiado. Tal possibilidade, que privilegia a efetividade quanto à redução do tempo do processo, não ofende o duplo grau de jurisdição, visto que cabível o agravo interno pela parte prejudicada, alcançando, dessa forma, o órgão coletivo. Assim, para tais decisões, necessária a correspondente possibilidade de aviamento de recurso ao órgão colegiado, uma vez que é da essência de qualquer tribunal a composição colegiada.

Relativamente aos embargos infringentes cabíveis em Execução Fiscal para os casos de até determinado valor, considera-se que aqueles ferem o duplo grau de jurisdição. Não basta permitir o reexame, é necessário que este seja realizado por órgão diverso do prolator da decisão, composto por juízes alheios. Fere-se, ainda, o devido processo legal ao eliminar qualquer controle sobre as decisões daquela alçada.

No Juizado Especial Cível, a possibilidade de recurso inominado não ofende o duplo grau de jurisdição. Possível, pois, a despeito de o órgão revisor ser um colegiado formado por juízes de mesma hierarquia que o prolator da decisão, trata-se de órgão diverso deste, e que profere decisão substitutiva da primeira. Ainda, tal prerrogativa tem fulcro constitucional, oriundo do art. 98, I.

Questão espinhosa é aquela atinente à possibilidade de supressão do duplo grau de jurisdição em determinados casos. É bem verdade, a EC 45/2004 prescreveu a garantia da razoável duração do processo, porém, nenhuma é absoluta, o que não significa, como dito anteriormente, que, a pretexto de um processo célere, justifique-se o afastamento de uma série de outras garantias.

A problemática apresentada sobre a única ou dupla instância aflora, sem dúvida, o conflito existente entre o indivíduo e o poder, e, nessa perspectiva, entre a liberdade e a autoridade. A história da apelação está ligada à história da liberdade. Mostra-se assim, impossível eleger um único sistema (duplo grau) em total detrimento de outro (instância única), pois cada um possui suas virtudes e desvantagens. Os mais variados interesses dificilmente permitirão um verdadeiro acordo satisfatório entre os defensores de um e outro sistema. Um que se mostre equilibrado será, certamente, o desiderato.

Entende-se que o sistema do duplo grau deve prevalecer, não absolutamente, mas sim, temperado, abrandado, mitigado, ou seja, que permita restrições, sem que, no entanto, se afaste totalmente o direito de atingir, mediante recurso, um órgão competente diverso para revisar as sentenças. O duplo grau de jurisdição deve representar o equilíbrio entre a celeridade e a segurança jurídica, pressupostos de eficácia da razoável duração do processo.

A principal razão de ser do duplo grau de jurisdição parece estar na possibilidade de, ao revisar julgados, proporcionar uma ordem jurídica justa. Tal desiderato não atende apenas o particular, mas o próprio Estado, que agregando certeza e justiça na atividade jurisdicional, atinge os fins de que deve se desincumbir. Permitir que, por qualquer critério, seja usurpado do jurisdicionado o direito de recorrer da sentença de primeiro grau, a pretexto de maior celeridade, é retirar daquele a condição de partícipe do sistema democrático.

Julga-se, com base no exposto, seja inderrogável o duplo grau de jurisdição, nos padrões aqui estabelecidos. Ressalta-se, também, que grande parte do tempo do processo é despendido com a burocracia judicial, em etapas mortas, tema que raramente é posto nos debates reformistas. Apenas em nível informativo, e sem maiores investigações, refere-se que o Ministério da Justiça, em conjunto com o Centro Brasileiro de Estudos e Pesquisas Judiciais e Escola de Direito de São Paulo da Fundação Getúlio Vargas, apresentou em 2007 um estudo[505] sobre gestão e funcionamento dos cartórios judiciais. Verificou-se que estes produzem efeito de grande impacto na morosidade do processo, que, entretanto, é ignorado por ser considerado um ator "invisível" do sistema de justiça.

Conquanto as sucessivas alterações legislativas no âmbito da sistemática recursal, o que se percebe é uma forte tendência para a

---

[505] *Análise da gestão e funcionamento dos Cartórios Judiciais*. Sítio do Ministério da Justiça. Disponível em www.mj.gov.br/reforma. Acesso em 23.11.2008.

limitação ao duplo grau de jurisdição. Todavia, elas não apresentam agudeza suficiente para eliminá-lo, porquanto, em nenhum caso, impediram de modo absoluto a recorribilidade da sentença.

Referências

Alexy, Robert. *Teoria de los Derechos Fundamentales*. Madrid: Centro de Estudios Constitucionales, 1997.

Almeida, José Antonio. O agravo e a ampliação dos poderes do relator. In *Aspectos polêmicos e atuais dos recursos cíveis e de outros meios de impugnação às decisões judiciais*. coordenação Nelson Nery Jr. e Teresa Arruda Alvim Wambier. São Paulo: Revista dos Tribunais, 2003. (Série aspectos polêmicos e atuais dos recursos; v. 7).

Alves, Francisco Glauber Pessoa. Inaplicabilidade do sistema do Código de Processo Civl aos juizados especiais cíveis estaduais e federais. In *Aspectos polêmicos e atuais dos recursos cíveis e de outros meios de impugnação às decisões judiciais*. coordenação Nelson Nery Jr. e Teresa Arruda Alvim Wambier. São Paulo: Revista dos Tribunais, 2003. (Série aspectos polêmicos e atuais dos recursos; v. 7).

Alvim, Arruda. *Manual de Direito Processual Civil*, v. 1: parte geral. 10. ed. rev. atual. e ampl. São Paulo: Revista dos Tribunais, 2006.

Amorim, Aderbal Torres de. *Recursos Cíveis Ordinários*. Porto Alegre: Livraria do Advogado, 2005.

Andrade, Fábio Martins de. Ensaio sobre o inciso LXXVIII do art. 5º da CF/88. *Revista de Processo*, v. 147, São Paulo: RT, 2007.

Araújo, Luciano Vianna. Art. 285-A do CPC (julgamento imediato, antecipado e maduro da lide): evolução do sistema desde o Código de Processo Civil de 1939 até 2007. *Revista de Processo*, v. 160, São Paulo, RT, 2008.

Araújo Junior, Pedro Dias de. *Aspectos cruciais na interpretação do reexame necessário após a reforma processual*. Disponível em http://www.pge.se.gov.br/modules/wfdownloads/visit.php?cid=1&lid=15. Acesso em 20.10.2008.

Assis, Araken de. Admissibilidade dos Embargos Infringentes em reexame necessário. In *Aspectos polêmicos e atuais dos recursos cíveis e de outros meios de impugnação às decisões judiciais*. Coordenação Nelson Nery Jr. e Teresa Arruda Alvim Wambier. São Paulo: Revista dos Tribunais, 2001. (Série aspectos polêmicos e atuais dos recursos; v. 4).

——. *Doutrina e prática do processo civil contemporâneo*. São Paulo: Revista dos Tribunais, 2001.

——. *Efeito devolutivo da apelação*. Direito & Justiça (Faculdade de Direito da Pontifícia Universidade Católica do Rio Grande do Sul). Porto Alegre, RS – Brasil, 1979 – Semestral (a partir do volume 22, ano XXII – 2000).

———. *Manual da Execução*. 10. ed. rev. atual. e ampl. São Paulo: Revista dos Tribunais, 2006.

———. *Manual dos Recursos*. São Paulo: Revista dos Tribunais, 2007.

Aurélio, Novo Dicionário Eletrônico. Versão 5.0, que corresponde à 3ª edição, 1ª impressão da Positivo, revista e atualizada do Aurélio Século XXI, 2004.

Ávila, Humberto Bergmann. *Teoria dos Princípios*: da definição à aplicação dos princípios jurídicos. 2. ed. São Paulo: Malheiros, 2005.

Azem, Guilherme Beux Nassif. *A Fazenda Pública e o art. 515, § 3º, do CPC*. Disponível em http://www.tex.pro.br/wwwroot/01de2005/afazendapublicao_guilherme_azem.htm. Acesso em 20.10.2008.

Bandeira de Melo, Ricardo Procópio. Princípio do Duplo Grau de Jurisdição: Garantia Constitucional, extensão e algumas notas sobre o § 3º do art. 515 do CPC. In *Aspectos polêmicos e atuais dos recursos cíveis e de outros meios de impugnação às decisões judiciais*. Coordenação Nelson Nery Jr. e Teresa Arruda Alvim Wambier. São Paulo: Revista dos Tribunais, 2005. (Série aspectos polêmicos e atuais dos recursos; v. 8).

Baptista da Silva, Ovídio Araújo. *Curso de Processo Civil*, v. 1. Porto Alegre: Fabris, 1996.

———. *Teoria Geral do Processo Civil*. 4. ed. rev. e atual. São Paulo: Revista dos Tribunais, 2006.

Barbosa Moreira, José Carlos. *Comentários ao Código de Processo Civil*. v. 5. 12. ed. Rio de Janeiro: Forense, 2005.

———. *O Novo Processo Civil Brasileiro*. 19. ed. rev. e atual. Rio de Janeiro: Forense, 1999.

Barioni, Rodrigo. A apelação do revel sob o prisma do efeito devolutivo. In *Aspectos polêmicos e atuais dos recursos cíveis e de outros meios de impugnação às decisões judiciais*. Coordenação Nelson Nery Jr. e Teresa Arruda Alvim Wambier. São Paulo: Revista dos Tribunais, 2003. (Série aspectos polêmicos e atuais dos recursos; v. 7).

———. A proibição da *reformatio in peius* e o art. 515, § 3º do CPC. In *Aspectos polêmicos e atuais dos recursos cíveis e de outros meios de impugnação às decisões judiciais*. Coordenação Nelson Nery Jr. e Teresa Arruda Alvim Wambier. São Paulo: Revista dos Tribunais, 2005. (Série aspectos polêmicos e atuais dos recursos; v. 8).

Barros, Wellington Pacheco; Barros, Wellington Gabriel Zuchetto. *A Proporcionalidade como Princípio de Direito*. Porto Alegre: Livraria do Advogado, 2006.

Bedaque, José Roberto dos Santos. Apelação: Questões sobre admissibilidade e efeitos. In *Aspectos polêmicos e atuais dos recursos cíveis e de outros meios de impugnação às decisões judiciais*. coordenação Nelson Nery Jr. e Teresa Arruda Alvim Wambier. São Paulo: Revista dos Tribunais, 2003. (Série aspectos polêmicos e atuais dos recursos; v. 7).

———; Brasil Jr., Samuel Meira; Oliveira, Bruno Silveira de. *A oralidade no processo civil brasileiro*. Processo Civil: novas tendências: estudos em homenagem ao Professor Humberto Theodoro Júnior. Belo Horizonte: Del Rey, 2008.

Berni, Duílio Landell de Moura. *O duplo grau de jurisdição como garantia constitucional*. As garantias do cidadão no processo civil: relação entre Constituição e processo. Adriane Donadel ... [et. al.]; org. Sérgio Gilberto Porto. Porto Alegre: Livraria do Advogado, 2003.

Borges, Marcos Afonso. Alterações no Código de Processo Civil oriundas das Leis 10.352, de 26.12.2001, e 10.358, de 27.12.2001. *Revista de Processo*, v. 106, São Paulo: RT, 2002.

Branco, Gerson Luiz Carlos. *O duplo grau de jurisdição e sua perspectiva constitucional. Processo e Constituição.* C. A. Alvaro de Oliveira (organizador)... [et al.]. Rio de Janeiro: Forense, 2004.

Bueno, Cássio Scarpinella. Efeitos dos Recursos. In *Aspectos polêmicos e atuais dos recursos cíveis e de outros meios de impugnação às decisões judiciais.* Coordenação Nelson Nery Jr. e Teresa Arruda Alvim Wambier. São Paulo: Revista dos Tribunais, 2006. (Série aspectos polêmicos e atuais dos recursos; v. 10).

Buzaid, Alfredo. *Da Apelação* ex officio *no sistema do Código de Processo Civil.* São Paulo: Saraiva, 1951.

Cadore, Márcia Regina Lusa. *Súmula vinculante e uniformização de jurisprudência.* São Paulo: Atlas, 2007.

Calmon de Passos, Joaquim José. *As razões da crise de nosso sistema recursal. Meios de impugnação ao julgado civil*: estudos em homenagem a José Carlos Barbosa Moreira. Coordenador Adroaldo Furtado Fabrício; Paulo César Pinheiro Carneiro...[et al.]. Rio de Janeiro: Forense, 2007.

———. O devido processo legal e o duplo grau de jurisdição. *Revista da Ajuris*, v. 25, Porto Alegre, 1982.

Câmara, Alexandre Freitas. *Lições de Direito Processual Civil II.* 14. ed. rev. e atual. até a Lei nº 11.419/2006. Rio de Janeiro: Lumen Juris, 2007.

Cambi, Accácio. Aspectos polêmicos na aplicação do art. 557 do CPC. In *Aspectos polêmicos e atuais dos recursos cíveis e de outros meios de impugnação às decisões judiciais.* Coordenação Nelson Nery Jr. e Teresa Arruda Alvim Wambier. São Paulo: Revista dos Tribunais, 2003. (Série aspectos polêmicos e atuais dos recursos; v. 7).

Cappelletti, Mauro e Garth, Bryant. *Acesso à Justiça.* Tradução Ellen Gracie Northfleet. Porto Alegre: Sergio Antonio Fabris Editor. 1988.

Cappelletti, Mauro. *Proceso, Ideologias, Sociedad.* Tradución de Santiago Sentis Melendo y Tomás A. Banzhaf. Buenos Aires: Ediciones Juridicas Europa-America. 1974.

Carmona, Carlos Alberto. O sistema recursal brasileiro: breve análise crítica. In *Aspectos polêmicos e atuais dos recursos cíveis e de outros meios de impugnação às decisões judiciais.* Coordenação Nelson Nery Jr. e Teresa Arruda Alvim Wambier. São Paulo: Revista dos Tribunais, 2000. (Série aspectos polêmicos e atuais dos recursos).

Carvalho, Fabiano. Julgamento unipessoal do mérito da causa por meio da apelação: interpretação dos arts. 557 e 515, § 3º, ambos do CPC. *Revista de Processo.* São Paulo: RT. Ano 32, n. 144, 2007.

Cheim Jorge, Flávio; Didier Jr., Fredie; Rodrigues, Marcelo Abelha. *A nova reforma processual.* 2. ed. São Paulo: Saraiva, 2003.

Chiovenda, Giuseppe. *Instituições de Direito Processual Civil.* As relações processuais – A relação processual ordinária de cognição. v. III. Trad. J. Guimarães Menegale. São Paulo, 1969.

Cintra, Antonio Carlos de Araújo; Grinover, Ada Pellegrini; Dinamarco, Cândido Rangel. *Teoria Geral do Processo.* 14. ed. rev. e atual. São Paulo: Malheiros, 1998.

Comoglio, Luigi Paolo; Ferri, Corrado; Taruffo, Michele. *Lezioni sul Processo Civile*. Seconda edizione, Il Mulino, 1998.

Covas, Silvânio. O duplo grau de jurisdição. In *Aspectos polêmicos e atuais dos recursos cíveis e de outros meios de impugnação às decisões judiciais*. Coordenação Nelson Nery Jr. e Teresa Arruda Alvim Wambier. São Paulo: Revista dos Tribunais, 2000. (Série aspectos polêmicos e atuais dos recursos).

Cruz e Tucci, José Rogério. *Duração razoável do processo (art. 5°, LXXVIII, da Constituição Federal)*. Processo Civil: novas tendências: estudos em homenagem ao Professor Humberto Theodoro Júnior. Belo Horizonte: Del Rey, 2008.

———. *Tempo e Processo: uma análise empírica das repercussões do tempo na fenomenologia processual (civil e penal)*. São Paulo: Revista dos Tribunais, 1997.

Dantas, Francisco Wildo Lacerda. *Jurisdição, Ação (Defesa) e Processo*. São Paulo: Dialética, 1997.

Delgado, José Augusto. Princípios processuais constitucionais. *Revista da Ajuris*. v. 39, Porto Alegre, mar/1987.

Destefenni, Marcos. *Curso de Processo Civil*. v. 1. Processo de Conhecimento e Cumprimento de Sentença. São Paulo: Saraiva, 2006.

Dias, Ronaldo Bretãs de Carvalho. Direito à jurisdição eficiente e garantia da razoável duração do processo na reforma do judiciário. *Revista de Processo*, v. 128, São Paulo: RT, 2005.

Dinamarco, Cândido Rangel. *Instituições de direito processual civil*. v. 1, 5. ed. rev. e atual. São Paulo: Malheiros, 2005.

———. *Instrumentalidade do Processo*. São Paulo: Malheiros. 2005.

Fonseca, Antonio Cezar Lima da. Breves anotações sobre a nova lei recursal: Lei 11.276/2006. *Revista de Processo*, v. 137, São Paulo: RT, 2006.

Freitas, Juarez. *Interpretação Sistemática do Direito*. 4. ed. rev. e ampl. São Paulo: Malheiros. 2004.

Gianesini, Rita. A Fazenda Pública e o reexame necessário. In *Aspectos polêmicos e atuais dos recursos cíveis e de outros meios de impugnação às decisões judiciais*. Coordenação Nelson Nery Jr. e Teresa Arruda Alvim Wambier. São Paulo: Revista dos Tribunais, 2001. (Série aspectos polêmicos e atuais dos recursos; v. 4).

Greco, Leonardo. *Garantias Fundamentais do Processo*: O Processo Justo. Revista Jurídica. Ano 51, n° 305, março de 2003.

Guastini, Riccardo. Teoria e Ideologia da Interpretação Constitucional. Trad. Henrique Moreira Leites. *Revista Interesse Público* – Ano 8, n° 40, novembro/dezembro de 2006 – Porto Alegre: Notadez.

Hitters, Juan Carlos. *Técnica de los recursos ordinarios*. 2. ed. La Plata: Libreria Platense, 2004.

Hommerding, Adalberto Narciso. O § 3° do art. 515 do Código de Processo Civil: uma análise à luz da filosofia hermenêutica (ou hermenêutica filosófica) de Heidegger e Gadamer. *Revista da Ajuris*, v. 91, Porto Alegre, set/2003.

Jorge, Flávio Cheim; Didier Jr, Fredie; Rodrigues, Marcelo Abelha. *A nova reforma processual*. 2. ed. São Paulo: Saraiva, 2003.

Jorge, Flávio Cheim. *Apelação Cível*. São Paulo: Revista dos Tribunais, 1999.

Kukina, Sérgio Luiz. O princípio do duplo grau de jurisdição. *Revista de Processo*. v. 109, São Paulo: RT, 2003.

Laspro, Oreste Nestor de Souza. Garantia do Duplo Grau de Jurisdição. In *Garantias constitucionais do processo civil*. coordenador José Rogério Cruz e Tucci. 1. ed. 2. tir. São Paulo: Revista dos Tribunais, 1999.

Lauar, Maira Terra. *Remessa necessária*: questões controvertidas. Processo civil: novas tendências: estudos em homenagem ao Professor Humberto Theodoro Júnior. Fernando Gonzaga Jayme, Juliana Cordeiro de Faria e Maira Terra Lauar, coordenadores. Belo Horizonte, Del Rey, 2008.

Leal, Paulo J. B.; Porto Alegre, Valdir. Duplo grau de jurisdição. *Revista dos Tribunais*. v. 826, ago/2004.

Liebman, Enrico Tullio. *Lezioni di Diritto Processuale Civile*. Milano: Giuffrè. 1951.

Lima, Lucas Rister de Sousa. Questões novas e velhas sobre a morosidade processual. *Revista de Processo*, v. 150, São Paulo: RT, 2007.

Lima, Patrícia Carla de Deus. Sobre o julgamento monocrático dos embargos de declaração, nos tribunais, de acordo com a regra do art. 557 do CPC. In *Aspectos polêmicos e atuais dos recursos cíveis e de outros meios de impugnação às decisões judiciais*. Coordenação Nelson Nery Jr. e Teresa Arruda Alvim Wambier. São Paulo: Revista dos Tribunais, 2005. (Série aspectos polêmicos e atuais dos recursos; v. 8).

Lopes, Bruno Vasconcelos Carrilho. In *Aspectos polêmicos e atuais dos recursos cíveis e de outros meios de impugnação às decisões judiciais*. Coordenação Nelson Nery Jr. e Teresa Arruda Alvim Wambier. São Paulo: Revista dos Tribunais, 2005. (Série aspectos polêmicos e atuais dos recursos; v. 8).

Luiso, Francesco P. *Diritto Processuale Civile. II – Il Processo di Cognizione*. Terza edizione. Milano: Giuffrè.

Macedo, Elaine Harzheim. *Jurisdição e Processo*: crítica histórica e perspectivas para o terceiro milênio. Porto Alegre: Livraria do Advogado, 2005.

Mallet, Estevão. Apontamentos sobre a Competência da Justiça do Trabalho após a Emenda Constitucional n. 45. In *Nova Competência da Justiça do Trabalho*. São Paulo: LTr, 2005.

——. Reforma da sentença terminativa e julgamento imediato do mérito (Lei 10.352). In *Aspectos polêmicos e atuais dos recursos cíveis e de outros meios de impugnação às decisões judiciais*. Coordenação Nelson Nery Jr. e Teresa Arruda Alvim Wambier. São Paulo: Revista dos Tribunais, 2003. (Série aspectos polêmicos e atuais dos recursos; v. 7).

Marcato, Ana Cândida Menezes. *O Princípio do Duplo Grau de Jurisdição e a Reforma do Código de Processo Civil*. São Paulo: Atlas, 2006.

Marinoni, Luiz Guilherme. Garantia da Tempestividade da Tutela Jurisdicional e do Duplo Grau de Jurisdição. In *Garantias constitucionais do processo civil*. coordenador José Rogério Cruz e Tucci. 1. ed. 2. tir. São Paulo: Revista dos Tribunais, 1999.

——. *Teoria Geral do Processo*. São Paulo: Revista dos Tribunais, 2006.

——; Arenhart, Sérgio Cruz. *Manual do Processo de Conhecimento*. 4. ed. rev. atual. e ampl. São Paulo: Revista dos Tribunais, 2005.

Marlmelstein, George Lima. *A força normativa dos princípios constitucionais*. Disponível em http://www.mundojuridico.adv.br/sis_artigos/artigos.asp?codigo=42. Acesso em 21.07.2008.

Marques, José Frederico. *Instituições de Direito Processual Civil*. v. IV. Campinas: Millennium, 1999.

Martins, Sérgio Pinto. *Direito Processual do Trabalho*: doutrina e prática forense; modelos de petições, recursos, sentenças e outros. 22. ed. São Paulo: Atlas, 2004.

Mattirolo, Luis. *Tratado de Derecho Judicial Civil*. Traduccion de Ricardo Garrido Juan. Madrid: Editorial Réus, 1936.

Medina, José Miguel Garcia; Wambier, Teresa Arruda Alvim. *Recursos e ações autônomas de impugnação*. São Paulo: Revista dos Tribunais, 2008 (Processo civil moderno; v. 2).

Mendes da Silva, Marcio Henrique. Tentativa de Sistematização do Efeito Devolutivo dos Recursos: Perspectiva de Interpretação Instrumental. *Revista IOB de Direito Civil e Processual Civil*. Porto Alegre: Síntese, v. 8, n. 44, nov./dez., 2006.

Méndez, Francisco Ramos. *Derecho Procesal Civil*. 5. ed. Tomo II. Barcelona: Jose Maria Bosch Editor S.A. 1992.

Mesquita, Gil Ferreira de. *Princípios do contraditório e da ampla defesa no processo civil Brasileiro*. São Paulo: Juarez de Oliveira, 2003.

Miranda, Jorge. *Manual de Direito Constitucional*, Tomo IV, Direitos fundamentais. 2. ed. (reimpressão). Coimbra Editora, 1998.

Moniz de Aragão, Egas. *Demasiados Recursos? Meios de impugnação ao julgado civil*: estudos em homenagem a José Carlos Barbosa Moreira. Coordenador Adroaldo Furtado Fabrício; Paulo César Pinheiro Carneiro...[et al.]. Rio de Janeiro: Forense, 2007.

Motta, Artur Alves da. *Existe sentença inapelável após a Constituição de 1988? Um exame do art. 34 da Lei nº 6.830/80*. Disponível em http://jus2.uol.com.br/doutrina/texto.asp?id=4381. Acesso em 08.10.2008.

Nery Júnior, Nelson. *Princípios do Processo Civil na Constituição Federal*. 8. ed. rev., atual. e ampl. com as novas súmulas do STF e com análise sobre a relativização da coisa julgada. São Paulo: Revista dos Tribunais, 2004. (Coleção estudos de direito de processo Enrico Tullio Liebman; v. 21).

Nigido, Alfonso. *I poteri del giudice di apello in relazione alla sentenza di prima intanza*. Volume quindicesimo. Padua: Cedam, 1938.

Nojiri, Sérgio. *A Interpretação judicial do Direito*. São Paulo: Revista dos Tribunais, 2005.

Notariano Junior, Antonio de Pádua. O duplo grau e o § 3º do art. 515 do CPC, introduzido pela Lei 10.352/2001. *Revista de Processo*, v. 114, São Paulo: RT, 2004.

Nunes, Dierle José Coelho. Colegialidade das decisões dos tribunais – sua visualização como princípio constitucional e do cabimento de interposição de agravo interno de todas as decisões monocráticas do relator. *Revista IOB de Direito Civil e Processual Civil*. Porto Alegre: Síntese, v. 9, n. 50, nov./dez., 2007.

——. Comentários acerca da súmula impeditiva de recursos (Lei 11.276/2006) e do julgamento liminar de ações repetitivas (Lei 11.277/2006) – Do duplo grau de jurisdição e do direito constitucional ao recurso (contraditório sucessivo). *Revista de Processo*, v. 137, São Paulo, RT, 2006.

Oliveira, Carlos Alberto Alvaro de. *O processo civil na perspectiva dos direitos fundamentais. Processo e Constituição*. C. A. Alvaro de Oliveira (organizador)... [et al.]. Rio de Janeiro: Forense, 2004.

Oliveira, Fábio César dos Santos. O art. 515, § 3º, do CPC e o combate à dilação processual indevida. *Revista de Processo*, v. 115, São Paulo: RT, 2004.

Oliveira, Bruno de. Os princípios constitucionais, a instrumentalidade do processo e a técnica processual. *Revista de Processo*, v. 146, São Paulo: RT, 2007.

Parente, Eduardo de Albuquerque. Os recursos e as matérias de ordem pública. In *Aspectos polêmicos e atuais dos recursos cíveis e de outros meios de impugnação às decisões judiciais*. coordenação Nelson Nery Jr. e Teresa Arruda Alvim Wambier. São Paulo: Revista dos Tribunais, 2003. (Série aspectos polêmicos e atuais dos recursos; v. 7).

Passos, Paulo Roberto. Algumas reflexões sobre o duplo grau de jurisdição. *Revista de Processo*, v. 69, São Paulo: RT, 1993.

Paula, Jônatas Luiz Moreira de. *Teoria Geral do Processo*. São Paulo: Manole. 2002.

Pazzaglini Filho, Marino. Princípios constitucionais reguladores da administração pública: agentes públicos, discricionariedade administrativa, extensão da atuação do Ministério Público e controle do poder judiciário. São Paulo: Atlas, 2000.

Pereira, Jane Reis Gonçalves. *A Interpretação Constitucional e Direitos Fundamentais*: uma contribuição ao estudo das restrições aos direitos fundamentais na perspectiva da teoria dos princípios. Rio de Janeiro: Renovar, 2006.

Pereira, Joana Carolina Lins. *Recursos de apelação: amplitude do efeito devolutivo*. 1ª ed. (ano 2003), 4ª reimpr. Curitiba: Juruá, 2008.

Pereira, Sebastião Tavares. *Devido processo substantivo*. Disponível em http://jusvi.com/artigos/29532/1. Acesso em 13.11.2008.

Perrini, Raquel Fernandes. *Os princípios constitucionais implícitos*. Revista dos Tribunais. v. 17, out-dez/1996.

Pinto, Nelson Luiz. *Manual dos Recursos Cíveis*. São Paulo: Malheiros, 1999.

Pivatto, Priscila Maddalozzo. *Discursos sobre o estado de sítio na primeira república brasileira: uma abordagem a partir das teorias de linguagem de Mikhail Bakhtin e Pierre Bourdieu*. Disponível em http://www.maxwell.lambda.ele.puc-rio.br/cgi-bin/db2www/PRG_1188.D2W/INPUT?CdLinPrg=pt. Acesso em 20.10.2008.

Pontes de Miranda, Francisco Cavalcanti. *Comentários ao código de processo civil*. Rio de Janeiro: Forense, 1975, tomo VII.

———. *Comentários ao código de processo civil*. 4. ed. rev. atual. Rio de Janeiro: Forense, 1999. v. 7.

Portanova, Rui. *Princípios do Processo Civil*. 5. ed. Porto Alegre. Livraria do Advogado. 2003.

Porto, Sérgio Gilberto; Ustárroz, Daniel. *Manual dos Recursos Cíveis*: atualizado com as reformas de 2006 e 2007. 2. ed. rev. e ampl. Porto Alegre: Livraria do Advogado, 2008.

Quartiero, Fernando Portella. *O poder do relator dos recursos*. Diss. (Mestrado) Faculdade de Direito. Programa de Pós-Graduação em Direito. PUCRS, Porto Alegre, 2007.

Rocha, José de Albuquerque. *Teoria Geral do Processo*. 8. ed. São Paulo: Atlas, 2005.

Rodrigues, Clóvis Fedrizzi. Celeridade processual *Versus* Segurança jurídica. *Revista de Processo*, v. 120, São Paulo: RT, 2005.

Rodrigues, Marcelo Abelha. *Elementos de Direito Processual Civil*, v. 2. São Paulo: Revista dos Tribunais, 2000.

Rosito, Francisco. O princípio da razoável duração do processo sob a perspectiva axiológica. *Revista de Processo*, v. 161, São Paulo: RT, 2008.

Sá, Djanira Maria Radamés de. *Duplo Grau de Jurisdição*: Conteúdo e Alcance Constitucional. Porto Alegre: Saraiva. 1999.

Santos, Ernane Fidélis dos. Evolução *Legislativa do Sistema Recursal de Primeiro Grau no Código de Processo Civil Brasileiro. Meios de impugnação ao julgado civil*: estudos em homenagem a José Carlos Barbosa Moreira. Coordenador Adroaldo Furtado Fabrício; Paulo César Pinheiro Carneiro...[et al.]. Rio de Janeiro: Forense, 2007.

Santos, Vanessa Flávia de Deus Queiroz. *As conseqüências constitucionais da súmula impeditiva de recursos (lei 11.276/2006)*. Disponível em http://www.planalto.gov.br/ccivil_03/revista/Rev_82/MonoDisTeses/VanessaFlavia.pdf. Acesso em 01.11.2008.

Sarlet, Ingo Wolfgang. Valor de alçada e limitação do acesso ao duplo grau de jurisdição: problematização em nível constitucional, à luz de um conceito material de direitos fundamentais. *Revista da Ajuris*, v. 66, Porto Alegre, 1996.

Satta, Salvatore. *Direito Processual Civil*. 2º v. Trad. e Notas de Luiz Autuori. 7. ed. Pádua: Editor Borsoi. Rio – GB. 1973.

Scartezzini, Ana Maria Goffi. A Súmula Vinculante – O contraditório e a ampla defesa. *Revista de Processo*, v. 120, São Paulo: RT, 2005.

Silva, de Plácido e. *Vocabulário Jurídico. atualizadores*: Nagib Slaibi Filho e Gláucia Carvalho. Rio de Janeiro: Forense, 2003.

Silva Jr., Gervásio Lopes da. *Julgamento Direto do Mérito na Instância Recursal (art. 515, § 3º, CPC)*. Salvador: JusPODIVM, 2007.

Simardi, Claudia A. Remessa obrigatória. In *Aspectos polêmicos e atuais dos recursos cíveis e de outros meios de impugnação às decisões judiciais*. Coordenação Nelson Nery Jr. e Teresa Arruda Alvim Wambier. São Paulo: Revista dos Tribunais, 2001. (Série aspectos polêmicos e atuais dos recursos).

Talamini, Eduardo. A nova disciplina do agravo e os princípios constitucionais do processo. *Revista de Informação legislativa*. Brasília: Senado Federal, Subsecretaria de Edições Técnicas, Ano 33, nº 129, jan-mar, 1996.

——. *Decisões individualmente proferidas por integrantes dos tribunais: legitimidade e controle ("agravo interno"). Processo civil*: Leituras complementares. Fredie Didier Junior (org). 4. ed. Salvador: JusPODIVM, 2006.

Tavares, André Ramos. Análise do duplo grau de jurisdição como princípio constitucional. *Revista de direito constitucional e internacional*. Ano 8. v. 30, jan-mar/2000.

Teixeira, Guilherme Puchalski. Análise fragmentada do duplo grau, enquanto regra de direito. *Revista de Processo* n. 158, abr./2008.

Tesheiner, José Maria Rosa. *Elementos para uma teoria geral do processo*. São Paulo: Saraiva, 1993.

——. Em tempos de reformas – o reexame das decisões judiciais. *Revista de Processo*, v. 147, São Paulo: RT, 2007.

——. *Razão de ser dos colegiados*. Disponível em http://www.tex.pro.br/wwwroot/39de020902/razaodeserdoscolegiados.htm. Acesso em 13.09.2008.

Theodoro Júnior, Humberto. *Curso de direito processual civil*. 39. ed. v. 3. Rio de Janeiro: Forense, 2006.

———. Inovações da Lei nº 11.352, de 26.12.2001, em matéria de recursos cíveis e duplo grau de jurisdição. *Revista Síntese de Direito Civil e Processual Civil*. Porto Alegre: Síntese, v. 4, n.20, nov./dez. 2002.

———. Interpretação e aplicação das normas jurídicas. *Revista de Processo*, v. 150, São Paulo: RT, 2007.

Tosta, Jorge. *Do reexame necessário*. São Paulo: Revista dos Tribunais, 2005.

Tucci, José Rogério Cruz e. *Tempo e Processo*: uma análise empírica das repercussões do tempo na fenomenologia processual (civil e penal). São Paulo: Revista dos Tribunais, 1997.

Vaz, Paulo Afonso Brum. Breves considerações acerca do novo § 3º do art. 515 do CPC. *Revista de Processo*, v. 134, São Paulo: RT, 2006.

Wambier, Luiz Rodrigues; Wambier, Tereza Arruda Alvim; Medina, José Miguel Garcia. *Breves comentários à nova sistemática processual civil*, II: Leis 11.187/2005, 11.232/2005, 11.276/2006, 11.277/2006 e 11.280/2006. São Paulo: Revista dos Tribunais, 2006.

———; Wambier, Tereza Arruda Alvim; *Breves comentários à 2ª fase da reforma do Código de Processo Civil*. 2. ed. ver., atual. e ampl. São Paulo: RT, 2002.

———; Almeida, Flávio Renato Correia de; Talamini, Eduardo. Curso Avançado de Processo Civil. v. 1: *Teoria geral do processo e processo de conhecimento*. 8. ed. rev., atual. e ampl. São Paulo: Revista dos Tribunais, 2006.

Impressão:
Evangraf
Rua Waldomiro Schapke, 77 - P. Alegre, RS
Fone: (51) 3336.2466 - Fax: (51) 3336.0422
E-mail: evangraf.adm@terra.com.br